Salomon Lane

A Voz da Eternidade
Apocalípse do Apóstolo Pedro

Título Original: Voice of Eternity
Copyright © 2025, publicado por Luiz Antonio dos Santos ME.

Este livro explora a visão do Apóstolo Pedro sobre o Apocalipse, revelando interpretações profundas sobre temas espirituais, juízo final, salvação, e esperança em tempos desafiadores. Através de narrativas cativantes e reflexões detalhadas, a obra convida os leitores a uma jornada de introspecção e fé.

1ª Edição
Equipe de Produção:
Autor: Salomon Lane
Editor: Luiz Santos
Revisão: Ambrósio Nunes
Capa: Studios Booklas / Amadeu Rossi
Tradução: Luiz Antonio dos Santos

Publicação e Identificação:
Voice of Eternity / By Salomon Lane
Editora Booklas, 2025
Categorias: Religião / Estudos Bíblicos / Apocalipse
DDC: 236.9 - CDU: 27-3
Todos os direitos reservados a:
Editora Booklas / Luiz Antonio dos Santos ME

Nenhuma parte deste livro pode ser reproduzida, armazenada em um sistema de recuperação ou transmitida por qualquer meio - eletrônico, mecânico, fotocópia, gravação ou outro - sem a autorização prévia e expressa do detentor dos direitos autorais.

Sumário

Salomon Lane 6
Prólogo 9
Capítulo 1 O Chamado 12
Capítulo 2 O Julgamento 16
Capítulo 3 O Paraíso 20
Capítulo 4 O Inferno 24
Capítulo 5 Os Anjos Caídos 29
Capítulo 6 Os Gigantes 33
Capítulo 7 O Dilúvio 37
Capítulo 8 A Torre de Babel 42
Capítulo 9 Sodoma e Gomorra 46
Capítulo 10 O Êxodo 50
Capítulo 11 Lei Mosaica 55
Capítulo 12 Os Profetas 59
Capítulo 13 O Messias 63
Capítulo 14 A Cruz 67
Capítulo 15 A Árvore da Vida 71
Capítulo 16 O Rio da Vida 75
Capítulo 17 Os Portões do Paraíso 79
Capítulo 18 O Fogo Eterno 84
Capítulo 19 A Escuridão Exterior 88
Capítulo 20 Os Demônios 92
Capítulo 21 O Anticristo 96
Capítulo 22 A Besta do Apocalipse 100
Capítulo 23 O Número da Besta 104

Capítulo 24 A Grande Tribulação 108
Capítulo 25 O Arrebatamento 113
Capítulo 26 A Segunda Vinda 117
Capítulo 27 O Milênio 121
Capítulo 28 O Julgamento Final 125
Capítulo 29 A Data do Apocalipse 129
Capítulo 30 O Destino da Humanidade 133
Capítulo 31 A Salvação 137
Capítulo 32 Livre arbítrio 142
Capítulo 33 Pecado Original 146
Capítulo 34 Graça Divina 151
Capítulo 35 A Ressurreição dos Mortos 155
Capítulo 36 Céu e Inferno 159
Capítulo 37 Vida após a morte 163
Capítulo 38 Reencarnação 167
Capítulo 39 Purgatório 171
Capítulo 40 Limbo 175
Capítulo 41 Predestinação 179
Capítulo 42 O Apocalipse na Cultura Popular 183
Capítulo 43 O Significado do Apocalipse 187
Capítulo 44 Esperança em tempos difíceis 191
Capítulo 45 A Importância da Fé 195
Capítulo 46 Amor pelos outros 199
Capítulo 47 A busca pela justiça 203
Capítulo 48 Perdão e Reconciliação 207
Capítulo 49 Vida em Comunidade 211
Capítulo 50 Cuidando da Criação 215

Capítulo 51 A busca pela paz 219
Capítulo 52 O valor da vida humana 223
Capítulo 53 Responsabilidade Individual 227
Capítulo 54 O Legado do Apocalipse de Pedro 231
Capítulo 55 O Futuro da Humanidade 235
Epílogo 239

Salomon Lane

Salomon Lane é professor de teologia na Universidade de Bradford, onde se dedica ao ensino e à pesquisa sobre as origens do cristianismo e seus desdobramentos ao longo da história. Com um enfoque acadêmico e metodológico, ele é reconhecido por sua capacidade de contextualizar o cristianismo dentro das complexas estruturas sociais, políticas e culturais das épocas em que se desenvolveu.

Nascido em uma família que valorizava a educação e o conhecimento histórico, Lane demonstrou interesse pela história e pelos textos religiosos desde cedo. Ele se formou em teologia, história antiga e estudos religiosos comparados. Ele se graduou e concentrou suas pesquisas nos manuscritos apócrifos cristãos e em sua influência no pensamento teológico contemporâneo.

Ao longo de sua carreira acadêmica, dedicou-se a explorar manuscritos e documentos antigos, tanto em acervos europeus quanto internacionais. Ele visitou diversos museus de relevância histórica, como o Museu Britânico e a Biblioteca do Vaticano, e teve acesso a manuscritos cruciais para a compreensão do cristianismo primitivo. Entre eles, destacam-se os Manuscritos de Nag Hammadi, descobertos no Egito em 1945, e os Manuscritos do Mar Morto, também conhecidos como Manuscritos de Qumrâ. Essas fontes primárias permitiram a Lane aprofundar sua análise sobre os textos cristãos não canônicos e compreender melhor os contextos teológicos e culturais em que esses textos foram produzidos.

Além de se dedicar ao ensino e à pesquisa, Lane também participa ativamente de seminários, conferências e debates acadêmicos internacionais. Ele é frequentemente convidado para discutir temas como a relação entre os textos apócrifos e os evangelhos canônicos, o papel das heresias na formação do dogma cristão e as conexões entre o cristianismo e outras tradições religiosas contemporâneas. Seus estudos são amplamente citados em trabalhos acadêmicos e teses sobre o cristianismo primitivo.

Entre as contribuições mais significativas de Salomon Lane estão suas investigações sobre o impacto dos textos apócrifos na compreensão moderna do cristianismo. Ele é autor de diversos artigos publicados em revistas especializadas e também de obras acadêmicas que abordam temáticas relacionadas ao cristianismo primitivo e às escrituras apócrifas. Sua abordagem enfatiza a importância de compreender esses textos não apenas como documentos históricos, mas também como expressões significativas de debates teológicos e filosóficos da época.

Uma de suas principais áreas de interesse é a interpretação do Evangelho de Judas, um dos textos encontrados em Nag Hammadi. Ele explora como esse evangelho oferece uma perspectiva alternativa à narrativa tradicional sobre Judas Iscariotes, sugerindo um papel diferente para ele na história de Jesus. Lane argumenta que tais textos não devem ser vistos como ameaças à tradição cristã, mas como oportunidades para ampliar o entendimento sobre a diversidade do pensamento cristão em suas origens.

Outro ponto central em seu trabalho é a análise das influências culturais e filosóficas sobre o cristianismo primitivo, incluindo as contribuições do pensamento greco-romano e do judaísmo helenístico. Sua pesquisa examina como as ideias filosóficas da época moldaram o desenvolvimento do cristianismo e influenciaram a formulação dos dogmas e doutrinas centrais da fé cristã.

Em seus livros, agora disponíveis pela Booklas Publishing, Lane apresenta seus estudos de maneira detalhada, fundamentando suas análises em fontes primárias e comentários acadêmicos. Ele busca transmitir ao leitor uma compreensão profunda e abrangente das questões envolvendo o cristianismo primitivo, sem abrir mão do rigor acadêmico. Suas obras têm como público-alvo tanto acadêmicos quanto leitores interessados em aprofundar seus conhecimentos sobre o tema.

O livro a seguir é uma das contribuições de Salomon Lane ao campo da história cristã e das escrituras apócrifas. A obra reflete seu compromisso com a pesquisa detalhada e sua paixão por desvendar os mistérios do passado, sempre com um olhar crítico e investigativo. Por meio de seus escritos, Lane busca promover uma maior compreensão sobre as origens e os desdobramentos do cristianismo, contribuindo para o diálogo acadêmico e para o enriquecimento cultural e espiritual de seus leitores.

Prólogo

Por séculos, a humanidade aceitou como verdade o Apocalipse atribuído a João, mas muitos afirmam que ele não era um dos doze apóstolos de Cristo, mas sim um discípulo. Na verdade, o Apocalipse de João foi escrito entre 81 e 96 d.C., considerando que estudos apontam que Jesus tenha nascido entre 4 e 6 a.C. Portanto, o Apocalipse de João teria sido escrito de 50 a 62 anos após sua morte. Agora, surge diante de nós uma revelação esquecida: o Apocalipse de Pedro. Escrito pelo apóstolo que caminhou ao lado de Jesus, testemunhou seus milagres e ouviu suas palavras mais íntimas, este evangelho oferece uma visão inigualável do destino final da criação.

Descoberto em 1886 em Akhmim, no Egito, esse manuscrito extraordinário é mais do que um simples registro histórico. Ele carrega consigo o peso da verdade espiritual de um homem escolhido por Cristo para ser a pedra fundamental de Sua Igreja. Preservado ao longo dos séculos, talvez oculto por sua profundidade e por desafiar interpretações tradicionais, o texto de Pedro ressurge para iluminar as mentes e reacender as almas.

A visão de Pedro é intensa e inabalável. Ele não descreve o fim dos tempos como uma série de eventos distantes ou alegóricos, mas como um testemunho vívido, marcado pela convicção de quem viu com os próprios olhos o destino dos justos e dos ímpios. Suas palavras são claras: o julgamento divino é real, inevitável e impregnado de justiça, mas também de misericórdia para aqueles que escolhem o caminho da luz.

A descoberta desse texto foi um marco. Encontrado em um túmulo egípcio, entre outros fragmentos que datam do início da era cristã, ele chegou até nós em um estado frágil, mas completo em sua mensagem. A autenticidade do documento e seu conteúdo sacudiram estudiosos e fiéis, oferecendo uma visão apostólica raramente explorada. Pedro, cuja voz ecoa com a autoridade de quem esteve ao lado do Mestre, não apenas descreve o horror do juízo final, mas também a glória reservada aos que perseveram.

Ao contrário do Apocalipse de João, repleto de imagens simbólicas e interpretações abertas, Pedro apresenta um relato direto e profundamente humano. Ele não apenas viu, mas sentiu a magnitude do julgamento e da salvação. Suas palavras não são apenas um registro de eventos futuros, mas um apelo urgente para que todos compreendam a seriedade do que está por vir. Ele nos fala da vitória dos santos, do tormento dos ímpios e da redenção reservada àqueles que vivem em retidão.

Ao longo das páginas que você está prestes a ler, encontrará uma visão apocalíptica que ressoa com a autoridade de um apóstolo, um homem cuja fé foi forjada no fogo da proximidade com Jesus. Pedro nos conduz por um mundo onde os céus se abrem, onde anjos descem para cumprir o plano divino e onde Cristo é o juiz e redentor.

Este texto impactou profundamente aqueles que o leram pela primeira vez. No final do século XIX, estudiosos e teólogos se depararam com verdades que transcendem as interpretações convencionais. Foi como se a voz de Pedro, silenciada por tanto tempo, finalmente pudesse ser ouvida, e sua mensagem ecoasse em um mundo moderno que ainda busca compreender o propósito eterno.

As palavras de Pedro nos chamam à reflexão e à ação. Ele não apresenta uma história para ser analisada friamente, mas uma verdade para ser vivida. Sua visão do Apocalipse não é apenas um evento futuro, mas uma realidade espiritual que já está em movimento e nos convida a nos posicionarmos. Você está preparado para ouvir a voz de um apóstolo? Está pronto para encarar as revelações que transformaram aqueles que as encararam com o coração aberto?

Não se trata de um convite, mas de uma declaração: o Apocalipse de Pedro não é apenas mais um texto antigo. É uma voz que atravessa os séculos, clamando por atenção, desafiando nossa complacência e nos guiando para a eternidade. O tempo está próximo, e o destino da humanidade está escrito em cada linha deste evangelho. Ao virar estas páginas, você não está apenas lendo um livro, mas entrando em contato com uma verdade capaz de mudar tudo.

Luiz Santos
Editor

Capítulo 1
O Chamado

Pedro acordou abruptamente, com a respiração presa, como se seu espírito tivesse sido puxado de volta da borda de um vazio infinito. O ar na pequena sala parecia vivo, pesado com uma presença invisível que desafiava a compreensão. Naquele momento, o silêncio reinou, mas era um silêncio com peso, como se o próprio mundo aguardasse a primeira manifestação de uma revelação.

O pescador que se tornou discípulo estava sentado imóvel no chão de terra da sua modesta moradia, banhado pelo brilho tênue e sobrenatural do amanhecer que se filtrava através das venezianas de madeira. No entanto, a luz parecia diferente do brilho familiar do sol — imbuída de algo divino, um reflexo da visão que o havia tomado.

A visão não era um sonho. Era mais real do que qualquer coisa que Pedro já conhecera, mais vívido do que o brilho do Mar da Galileia sob o sol do meio-dia. Nela, os próprios céus se abriram, revelando um pergaminho gravado com palavras de fogo, ilegíveis, mas totalmente compreensíveis. Por todo aquele pergaminho, estavam inscritos destinos: o destino das nações, a queda das estrelas, o julgamento de toda a criação.

Uma voz havia falado, ressonante e vasta, enchendo os céus e sua alma. "Pedro, filho de Jonas", ela disse, "levanta-te e vê o que está por vir."

Em sua visão, Pedro estava sobre um precipício de onde se via toda a existência. Diante dele se estendiam reinos inimagináveis — alguns brilhando com a luz do eterno, outros sombreados pela angústia e pelo fogo. A voz falou novamente, guiando-o por aquele panorama celestial.

"Eis o justo", dizia ela.

Pedro se virou e viu uma multidão ascendendo em direção a uma luz sem limites, com rostos serenos e radiantes. Eles cantavam com vozes que se misturavam em perfeita harmonia, uma melodia que falava de paz, amor e alegria sem fim.

No entanto, a visão mudou, mergulhando-o em um abismo de escuridão. Chamas lambiam as bordas do abismo, e uma cacofonia de gritos enchia o ar. Não eram gritos de simples dor, mas de almas sobrecarregadas com arrependimento eterno.

"E este é o destino dos perversos", continuou a voz.

Pedro recuou, sentindo seu espírito doer sob o peso da visão. Não era fogo ou tormento que consumia essas almas, mas a insuportável percepção da separação do divino.

Enquanto a visão o atraía mais profundamente, a mente de Pedro corria. Ele viu a humanidade exposta, com suas vidas iluminadas por uma luz que revelava cada ação e pensamento ocultos. As escolhas de cada alma tecem seu destino, uma tapeçaria de ações, crenças e arrependimento — ou a falta deles.

Um grande e luminoso portal surgiu à sua frente, brilhando com o esplendor da eternidade. Além dele, havia um reino de beleza indescritível, onde rios de água viva fluíam por prados de luz, e o próprio ar carregava a essência do amor.

"Esta é a herança daqueles que andam na retidão", disse a voz.

Então Pedro foi arremessado para baixo novamente, dessa vez para um poço cheio de sombras e angústia. Ali, havia um portão diferente: maciço e reforçado com ferro, rangendo sob seu próprio peso. Por ele, saíam os gritos angustiados de inúmeras almas, um lamento que subia e descia como ondas de um mar escuro.

"E esta", disse a voz com um tom carregado de tristeza, "é a herança dos impenitentes".

A visão terminou tão abruptamente quanto começou, deixando Pedro ofegante. Seu espírito se sentia sobrecarregado e vivo, como se tivesse sido tocado pela própria mão de Deus. Ele cambaleou para ficar de pé, com seus arredores parecendo quase irreais depois do panorama celestial que ele acabara de testemunhar.

Lá fora, o mundo continuava como sempre. O Mar da Galileia estava calmo, a vila se agitava e o vento sussurrava entre as oliveiras. No entanto, Pedro sabia que nada mais era como antes.

Ele buscou solidão nas colinas, retornando aos lugares por onde havia caminhado com seu Mestre. Ele orou fervorosamente, pedindo entendimento e força para suportar a tarefa que agora sabia estar diante dele.

Certa noite, quando as primeiras estrelas começaram a surgir no crepúsculo, a voz veio novamente, não em uma visão, mas vinda das profundezas silenciosas de seu espírito.

"Você é a rocha sobre a qual eu construo", disse a voz. "E agora você deve falar do que viu."

Pedro retornou aos fiéis, e suas palavras carregavam o peso da visão. Ele descreveu o destino dos justos e dos ímpios, incitando todos a se arrependerem e abraçarem o caminho da luz. Sua voz tremia de urgência, pois as visões não eram apenas revelações, mas um aviso — um apelo para que a humanidade se afastasse da escuridão.

"O tempo está próximo", ele declarou, com um fogo nos olhos que não parecia ser deste mundo. "Arrependei-vos, pois o reino dos céus está próximo. Escolham agora a quem vocês servirão."

Enquanto Pedro falava, as multidões respondiam de inúmeras maneiras. Alguns choravam abertamente, confessando seus pecados e buscando a misericórdia de Deus. Outros se afastavam, incapazes de aceitar a verdade por causa de seus corações endurecidos. No entanto, Pedro não vacilou, pois sabia que seu papel não era convencer, mas proclamar.

Ele falaria até o fim, dando testemunho das revelações divinas confiadas a ele. Por meio de suas palavras, o chamado ao arrependimento e a promessa de redenção ecoariam por todas as eras, levados pelo Espírito que primeiro chamou seu nome.

Capítulo 2
O Julgamento

Os céus se estendiam diante de Pedro, como uma vasta tela sobre a qual o destino da humanidade se desdobrava em uma clareza aterrorizante. Na quietude de sua visão, ele viu o mundo exposto — seus feitos e delitos escritos indelevelmente no tecido eterno da criação. A voz que o guiara retornou, com a ressonância de um grande sino, chamando todos à atenção.

"Eis o julgamento dos vivos e dos mortos", ordenou.

O espírito de Pedro tremeu com a gravidade daquelas palavras. Ele não era estranho aos ensinamentos do julgamento; já ouvira o próprio Senhor falar do dia em que todas as nações seriam reunidas diante do trono de Deus. No entanto, testemunhar isso se desenrolar em detalhes tão nítidos era completamente diferente. A visão não oferecia espaço para ambiguidade, não havia nenhum véu para suavizar a dureza da verdade divina.

No centro da visão, um vasto trono, radiante com uma luz que nenhum olho poderia suportar completamente, estava no lugar mais alto. Seu brilho iluminava toda a criação, revelando cada recanto oculto do coração humano. Do trono emanava uma presença majestosa e aterrorizante, que Pedro reconheceu como sendo do Todo-Poderoso, cujo julgamento era perfeito e inflexível.

Diante do trono, multidões estavam reunidas — inumeráveis como as estrelas, mas cada alma distinta e visível. Elas estavam em uma grande planície, e seus rostos refletiam cada emoção: medo, esperança, desespero e alegria. Entre eles estavam os poderosos e os mansos, os governantes das nações e as massas sem nome, todos reunidos em perfeita igualdade sob o olhar do Divino.

A atenção de Pedro foi atraída para dois livros que repousavam diante do trono. Um brilhava com luz dourada, e suas páginas vivas eram impregnadas do sopro da eternidade. O outro era mais escuro, encadernado em ferro e emitindo uma aura sombria.

"Estes são os livros da vida e da morte", explicou uma voz. "Neles estão registrados os feitos de todos os que caminharam sobre a Terra."

À medida que os livros se abriam, o vento parecia carregar os sussurros de inúmeras histórias, cada uma delas um testemunho das escolhas feitas pela humanidade. Os justos foram chamados primeiro, com seus nomes inscritos no Livro da Vida. Pedro observou enquanto eles avançavam, rostos radiantes de paz.

Eles estavam vestidos com vestes de branco puro e suas mãos estavam erguidas em louvor. O trono falou com eles, não com palavras, mas com uma voz que ressoou em suas próprias almas. Eles foram bem-vindos a um reino de luz, onde sua alegria seria completa e sua jornada, cumprida.

No entanto, então o segundo livro se abriu, e o ar ficou pesado de tristeza. De suas páginas, nuvens escuras se ergueram, girando em torno daqueles cujos nomes estavam escritos nelas. Eram os impenitentes, os orgulhosos, os cruéis e os enganadores. Eles foram convocados um por um, e seus feitos foram trazidos à tona como um testemunho contra eles.

Pedro recuou ao testemunhar a angústia estampada em seus rostos. Alguns choraram amargamente, mas seu arrependimento era tarde demais para alterar seu destino. Outros permaneceram desafiadores, com o orgulho intacto mesmo diante do julgamento divino.

"Aos impenitentes", declarou a voz, "pertencem as trevas exteriores, onde há choro e ranger de dentes".

Um abismo se abriu diante do trono, suas profundezas envoltas em sombra e fogo. Nesse abismo, os impenitentes foram lançados, e seus gritos ecoaram pela eternidade. A visão perfurou o coração de Pedro, lembrando-o do peso do livre-arbítrio e das consequências de uma vida longe de Deus.

No entanto, havia esperança no meio da solenidade do julgamento. Pedro viu figuras emergirem das sombras: almas que estavam perdidas, mas encontraram o caminho para a redenção por meio do arrependimento. A misericórdia do trono chegou até elas, atraindo-as para a luz.

A visão revelava uma justiça perfeita, equilibrada por uma misericórdia que desafiava a compreensão. Cada alma era julgada de acordo com seus atos, mas nenhuma estava além do alcance da graça divina.

"O julgamento não é para destruição, mas para o cumprimento de todas as coisas. Cada um deve ser responsabilizado, mas minha misericórdia dura para sempre."

Ao emergir da visão, Pedro sentiu um grande peso devido ao que havia visto. O mundo ao seu redor, tão aparentemente comum, agora parecia carregado de significado eterno. Cada ato, cada pensamento, parecia imbuído de significado, como um fio na grande tapeçaria do julgamento.

Ele começou a descrever a visão para aqueles que quisessem ouvir, falando do grande trono, dos livros da vida e da morte e dos destinos eternos que aguardavam a humanidade.

"Escolham sabiamente", incitou-os, sua voz cheia de urgência e compaixão. "O tempo está próximo, e o julgamento do Senhor é perfeito. Busquem sua misericórdia enquanto ela ainda pode ser encontrada."

Alguns ouviram suas palavras com os corações trêmulos, resolvendo abandonar seus pecados e abraçar o caminho da retidão. Outros zombaram, descartando sua mensagem como um delírio.

Mas Pedro não se deixou intimidar. A verdade do que ele tinha visto queimava dentro dele, compelindo-o a proclamar o julgamento vindouro a todos que quisessem ouvir.

Por meio de seu testemunho, Pedro lembrou à humanidade uma verdade que ecoou por todas as eras: as escolhas desta vida têm consequências. Elas moldam o destino eterno de cada alma, inscrito nos livros da vida ou da morte.

Enquanto falava, Pedro orava fervorosamente para que todos os que ouvissem suas palavras pudessem escolher o caminho que leva à vida, arrependendo-se antes que chegasse o dia do julgamento.

Capítulo 3
O Paraíso

Uma visão radiante se desdobrou diante de Pedro, como se um véu tivesse sido levantado da borda da criação, revelando o esplendor inimaginável do Paraíso. Não se tratava apenas de um lugar, mas de um reino de beleza infinita, onde a própria essência da existência ressoava com amor, paz e harmonia divina. Pedro ficou admirado, seu espírito dominado pela glória do que contemplava.

O ar estava vivo com melodias que não haviam sido criadas por mãos humanas, mas que haviam nascido do coração da própria criação. Cada nota era um fio em uma canção eterna, tecendo através da luz dourada que impregnava tudo. A atmosfera brilhava como se infundida pelo sopro de Deus, e cada canto do reino parecia ecoar Sua presença.

O olhar de Pedro foi atraído para uma vasta extensão de jardins, onde árvores de majestade sobrenatural alcançavam os céus. Suas folhas brilhavam como joias, e seus frutos, como se emanassem uma luz que parecia conter a promessa de vida eterna. Rios de água cristalina serpenteavam pela terra, e suas correntes carregavam uma energia que refrescava a alma mais profundamente do que qualquer fonte terrena.

"Este é o Paraíso", disse uma voz gentil, mas ressonante. "A herança dos justos e a morada daqueles que andaram em meus caminhos."

Enquanto Pedro se movia pelo jardim, ele viu figuras vestidas com trajes de luz pura. Seus rostos brilhavam com uma paz que transcendia a compreensão, e seus olhos refletiam uma alegria sem fim. Eles andavam de mãos dadas, com passos sem pressa, como se o próprio tempo tivesse cedido à eternidade.

À distância, surgiu uma grande cidade, cujas paredes eram adornadas com todas as pedras preciosas, e cujos portões eram feitos de pérolas únicas. As ruas da cidade eram pavimentadas com ouro tão puro que era transparente, refletindo uma glória inigualável.

A voz continuou a guiar Pedro, revelando as profundezas do Paraíso. "Aqui, todas as lágrimas são enxugadas, e a morte não existe mais. Não haverá luto, choro ou dor, pois as coisas anteriores passaram."

Pedro se encheu de alegria com a realização. Aquele não era apenas um lugar de descanso, mas o cumprimento de cada promessa, a culminância do plano divino para a humanidade. Aqui, os justos não eram simplesmente preservados — eles eram transformados, e suas almas se completavam na presença de seu Criador.

Ele viu uma grande multidão reunida diante de um trono que emanava luz e amor. Adoravam com vozes como águas correntes, e seu louvor ascendia como incenso para Aquele que estava sentado no trono. Anjos os cercavam, com asas brilhantes que desafiavam a descrição, juntando-se ao hino eterno de adoração.

O ocupante do trono, embora envolto em glória, era inconfundível para Pedro. Era o Todo-Poderoso, cuja presença enchia todo o Paraíso com um calor infinito que abraçava cada alma.

Pedro foi levado a um rio cujas águas eram mais vibrantes do que qualquer outra que ele já havia visto. O rio fluía do trono de Deus e do Cordeiro, serpenteando pela cidade e fertilizando a terra. Ao lado dele estava a Árvore da Vida, cujos galhos estavam carregados de frutos que davam vida a todos que dela participavam. As folhas da árvore, explicou a voz, eram para a cura das nações.

Pedro se maravilhou com a perfeita harmonia existente no Paraíso. Não havia conflito nem divisão, apenas unidade sob o amor soberano de Deus. Os justos moravam juntos como uma família, e sua alegria não era contaminada por ciúmes ou medo.

Pedro sentiu o peso de seus fardos terrenos se dissipar, dando lugar a uma sensação de paz tão profunda que lhe trouxe lágrimas aos olhos. Ele entendeu, então, o que seu Mestre quis dizer quando falou do reino dos céus. Essa era a recompensa final para aqueles que permaneceram fiéis: o lar preparado para eles desde a fundação do mundo.

No entanto, mesmo em meio a tamanha glória, os pensamentos de Pedro voltaram-se para aqueles que não estavam presentes. A ausência daqueles que rejeitaram o chamado ao arrependimento lançou uma sombra sobre sua alegria. Ele sabia que o Paraíso estava aberto a todos, mas exigia uma escolha: render a própria vontade a Deus.

Sentindo sua tristeza, a voz falou novamente. "Não se aflija por aqueles que escolheram outro caminho. Minha justiça é perfeita, e minha misericórdia se estende a todos que a buscam. O paraíso não é negado a ninguém que o deseje com um coração puro."

As palavras confortaram Pedro, embora a dor em seu espírito permanecesse. Ele resolveu novamente proclamar a verdade do que tinha visto, para que ninguém se perdesse por ignorância ou negligência.

A visão começou a desaparecer, mas seu brilho permaneceu gravado em sua alma. Ele foi atraído de volta ao seu entorno terrestre, onde o mundo parecia escuro em comparação à glória do Paraíso. No entanto, Pedro sabia que a luz do que havia testemunhado poderia brilhar até mesmo nos cantos mais escuros da existência humana.

Pedro reuniu os fiéis e falou do reino celestial com um fervor incontrolável. "Eu vi a morada dos justos", disse ele. "É mais bonito do que as palavras podem expressar, um lugar onde a presença de Deus enche cada coração de alegria sem fim."

Suas palavras inspiraram esperança em seus ouvintes, elevando seus espíritos com a promessa de um mundo melhor. Alguns choraram de saudade, ansiando pelo dia em que caminhariam pelas ruas douradas do Paraíso. Outros resolveram viver vidas de maior fidelidade, determinados a garantir seu lugar no reino eterno.

Pedro continuou a falar do Paraíso, e seu testemunho se tornou um farol de esperança em um mundo frequentemente tomado pelo desespero. Ele sabia que a visão não lhe fora dada somente por sua causa, mas como um presente para todos que a ouvissem e acreditassem.

E, embora seu coração doesse por aqueles que permaneceram indiferentes, a fé de Pedro no triunfo final do plano de Deus permaneceu inabalável. Ele tinha visto o Paraíso e sabia que seus portões estavam abertos a todos que escolhessem o caminho da retidão.

Capítulo 4
O Inferno

A escuridão é uma presença que permeia os cantos mais profundos da criação, um lembrete sombrio das consequências das escolhas humanas. Pedro, tomado por uma nova visão, encontrou-se diante de um cenário inquietante, onde a ausência de luz revelava mais do que a simples falta de brilho. Ali, em meio a uma vastidão opressora, ele foi conduzido a compreender o destino das almas que se afastaram da retidão.

"Este é o destino dos perversos", entoou a voz, solene e implacável.

A respiração de Pedro ficou presa enquanto seus olhos se ajustavam à luz fraca e ofuscante que emanava dos rios de fogo derretido serpenteando pela extensão. Esse não era um fogo comum; ele queimava não para destruição, mas para tormento, consumindo infinitamente, mas nunca devorando. A terra parecia gemer sob o peso de inúmeras almas, cada uma delas engolfada em um sofrimento que ultrapassava a capacidade de palavras para descrevê-lo.

Enquanto Pedro dava um passo trêmulo para a frente, seus arredores se tornaram mais nítidos. Os gritos dos condenados se elevavam como uma cacofonia, uma lamentação sem fim que ecoava pelas planícies áridas. Não eram gritos por misericórdia, mas lamentos angustiados de almas totalmente conscientes de suas escolhas, consumidas pelos frutos amargos de seus próprios atos.

Figuras se moviam dentro das sombras, distorcidas pelo sofrimento e pelo desespero. Alguns estavam presos por correntes que eles mesmos haviam criado, forjadas por orgulho, ganância e malícia. Outros vagavam sem rumo, rostos contorcidos de arrependimento, mãos que arranhavam o ar como se buscassem uma fuga que nunca viria.

Pedro recuou diante da visão, seu espírito tomado pela tristeza. Eles não eram estranhos, mas homens e mulheres que já haviam caminhado na Terra, cujas vidas estavam entrelaçadas com o destino da criação.

"Por que eles devem sofrer tanto?" Pedro sussurrou, com a voz embargada.

A resposta não veio como condenação, mas como verdade. "O sofrimento deles não é infligido por minha mão, mas por eles mesmos. O fogo é o reflexo de seus corações, e a escuridão é a sombra de sua rejeição à luz. Eles escolheram esse caminho."

Entre os atormentados, Pedro reconheceu rostos familiares: reis que governaram com crueldade, mercadores que negociaram com engano e sacerdotes que corromperam o sagrado em benefício próprio. Seus gritos não eram de inocência, mas de amargura, lamentando as oportunidades que desperdiçaram.

A visão mudou, atraindo Pedro ainda mais fundo no abismo. Ele chegou a um grande abismo, cujas profundezas estavam obscurecidas por um vazio rodopiante. De dentro, ele ouviu vozes, não gritando, mas murmurando em tons sedutores. Eram os tentadores, os anjos caídos que haviam desviado a humanidade, tecendo mentiras nos corações dos vivos com seus sussurros.

"Não se deixe enganar", disse uma voz. "O poder deles é grande, mas é concedido apenas pela boa vontade daqueles que os ouvem. Resista, e eles fugirão. Abrace-os, e eles o dominarão."

Pedro sentiu seu coração apertar ao ver o domínio dos tentadores sobre as almas ao seu redor. Eles ofereciam falso conforto, alimentando o orgulho e os desejos que levaram muitos à condenação. No entanto, mesmo aqui, Pedro sentiu um tênue vislumbre de possibilidade — uma chance de arrependimento, caso uma alma se voltasse e buscasse a luz.

O tormento do inferno não era uniforme. Pedro viu lagos de fogo onde almas se contorciam em agonia, e seus gritos eram engolidos pelo rugido das chamas. Outros suportaram um frio tão cortante que parecia congelar sua própria essência, e seu sofrimento refletia a apatia e a crueldade que haviam demonstrado em vida.

Destacou-se uma cena: um homem sobrecarregado por um grande peso, lutando para subir uma colina íngreme. A cada vez que ele se aproximava do cume, o peso o arrastava de volta para baixo, e ele recomeçava.

"Esta é a punição por sua arrogância", explicou uma voz. "Ele se colocou acima dos outros na vida, recusando-se a carregar os fardos de seus semelhantes. Agora, ele carrega o peso de seu orgulho."

Pedro chorou pela futilidade de tudo aquilo. No entanto, ele não sentiu raiva dessas almas, apenas uma profunda tristeza pelas escolhas que as trouxeram até ali.

Em meio ao desespero, Pedro notou algo inesperado: um tênue traço de luz, distante e fraco, mas inconfundível. Ele se virou para ela, atraído por sua presença.

"O que é essa luz?", ele perguntou.

"É a minha misericórdia", respondeu a voz. "Mesmo no inferno, minha presença não está totalmente ausente. Para aqueles que verdadeiramente se arrependem, há esperança. Mas poucos a buscam, pois requer uma humildade que lhes escapa."

Pedro ficou atordoado. Ele pensava que o destino final e inescapável dos perversos era o Inferno. No entanto, aqui, mesmo nas profundezas do tormento, permanecia a possibilidade de redenção, embora um caminho estreito e raramente trilhado.

A visão revelou uma única alma, ajoelhada no meio das chamas, clamando não com raiva ou desespero, mas com genuína contrição. A luz ficou mais brilhante ao redor dessa figura, e Pedro viu um anjo descer, erguendo a alma da escuridão.

"Arrependimento é a chave", disse a voz. Aqui, ele pode abrir o caminho para a salvação. Mas a vontade de se arrepender deve vir de dentro."

À medida que a visão desaparecia, Pedro sentiu um profundo peso se apoderar dele. A realidade do inferno não era apenas um lugar de tormento, mas um testemunho das consequências da liberdade humana. Era o ápice de uma vida longe de Deus, em que a luz da presença divina se extinguia quase que completamente pelas escolhas da alma.

Ao retornar ao mundo dos vivos, Pedro não perdeu tempo. Reuniu aqueles que ouviriam e falou sobre o que tinha visto.

"O inferno é real", disse ele, com a voz tremendo com o peso de seu testemunho. "Não é a ira de Deus que envia almas para lá, mas a rejeição de seu amor. No entanto, mesmo no desespero, a misericórdia divina pode alcançá-lo. Arrepende-se enquanto ainda há tempo."

Alguns responderam com medo, decidindo mudar seus modos. Outros zombaram, descartando suas palavras como delírios de fanático.

Mas Pedro não conseguia permanecer em silêncio. Ele sabia da verdade do que tinha visto, e a responsabilidade de suportar essa verdade queimava dentro dele como um fogo inextinguível. Ele proclamaria a realidade do inferno não para assustar, mas para despertar — esperando que, por meio de suas palavras, ao menos uma alma pudesse se voltar e encontrar o caminho para a salvação.

Afinal, no equilíbrio entre a luz e a escuridão, cada escolha importava, e cada alma valia a pena ser salva.

Capítulo 5
Os Anjos Caídos

A visão de Pedro aprofundou-se, levando-o de volta ao início dos tempos, quando os céus eternos brilhavam em harmonia imaculada. No reino celestial, antes que as fundações da Terra tivessem sido lançadas, os anjos moviam-se em gloriosa unidade, elevando as suas vozes em louvor eterno ao Criador. Eram seres de luz, criados para servir e refletir a beleza infinita da santidade de Deus.

No entanto, mesmo naquela extensão radiante, formou-se uma sombra.

"Eis a rebelião", entoou a voz, e o espírito de Pedro tremeu enquanto a cena se desenrolava diante dele. Ele viu um anjo poderoso, mais brilhante que os outros, de pé, à parte. A sua forma irradiava uma beleza extraordinária, mas os seus olhos ardiam com uma ambição que manchava a perfeição do seu ser.

"Este é Lúcifer", disse a voz, "a estrela da manhã, que procurou ascender acima da sua posição".

Pedro observou enquanto Lúcifer, outrora o chefe da hoste celestial, reuniu outros para a sua causa. No início, a rebelião deles foi sutil, um sussurro de insatisfação, uma semente de orgulho plantada em solo fértil. Esses anjos, cativados pelo carisma e beleza de Lúcifer, começaram a questionar a ordem estabelecida pelo Criador.

"Não somos meros servos", declarou Lúcifer, a sua voz, ao mesmo tempo melódica e venenosa. "Por que havemos de nos curvar quando somos feitos de luz, resplandecentes e gloriosos? Vamos ascender acima do trono e reivindicar o que é nosso por direito!"

As suas palavras ecoaram junto daqueles que estavam dispostos a ouvi-las e formou-se uma grande divisão nos céus. A unidade que antes definia a hoste angelical foi quebrada, substituída por discórdia e rebelião.

O Criador, na Sua infinita paciência, não reagiu de imediato. Em vez disso, permitiu que a rebelião seguisse o seu curso, concedendo a cada anjo a liberdade de escolher a quem serviria.

Pedro testemunhou então um momento de consequências indescritíveis. Os céus tremeram quando os anjos rebeldes, que agora representavam um terço da hoste, se levantaram contra o trono de Deus. As suas formas, outrora radiantes, começaram a distorcer-se e a escurecer, refletindo a corrupção nos seus corações.

No centro da rebelião estava Lúcifer, o seu orgulho inabalável e a sua beleza agora uma sombra do seu antigo esplendor.

Em resposta, o Criador convocou Miguel, o arcanjo, que permaneceu leal. Com uma voz como um trovão, Miguel gritou: "Quem é como Deus?" e liderou os anjos fiéis na batalha contra as forças das trevas.

Pedro, com o seu espírito a tremer, assistiu à guerra que se seguiu — um choque de poder inimaginável. Os céus transformaram-se num campo de batalha, enquanto espadas de luz colidiam com armas forjadas na escuridão da rebelião.

Os anjos fiéis lutaram com a força da sua devoção, enquanto os caídos empunharam o orgulho e o desafio como armas. A batalha alastrou-se pelos reinos celestiais, cujos ecos reverberaram através do tecido da criação.

No final, a rebelião foi esmagada. Miguel e os seus anjos triunfaram, expulsando os anjos caídos do céu. Pedro viu-os a cair como estrelas cadentes, a sua descida a transformar-se numa cascata de fogo que marcou a sua queda da graça.

A voz falou novamente, solene e inflexível. "Lúcifer tornou-se Satanás, o adversário, e os seus seguidores tornaram-se demónios, acorrentados à escuridão que escolheram. O seu destino foi selado, mas a sua inimizade contra o Criador e a Sua criação continua."

Foi mostrado a Pedro o abismo no qual os anjos caídos foram lançados — um lugar de tormento e prisão, destinado àqueles que desafiaram a vontade de Deus. No entanto, Pedro também viu Satanás e os seus asseclas a vaguear pela Terra, procurando corromper a humanidade e afastar as almas da luz.

A visão mudou e Pedro viu as consequências das ações dos anjos caídos na Terra. Por meio de engano e manipulação, eles sussurraram mentiras nos corações de homens e mulheres, semeando sementes de orgulho, ganância e ódio. A sua influência era insidiosa, tecendo o tecido da história e cultura humanas, deixando um rasto de destruição por onde passavam.

No entanto, Pedro também percebeu que o seu poder era limitado. Eles podiam tentar e enganar, mas não podiam forçar uma alma a afastar-se de Deus. A escolha permaneceu com a humanidade e a luz da graça divina sempre prevaleceu sobre a escuridão dos caídos.

A voz ofereceu a Pedro um aviso: "Não subestimes a astúcia deles, pois são antigos e sábios na sua rebelião. Mas não tema, pois o meu Espírito está com aqueles que me procuram. Resista à escuridão e ela fugirá."

Pedro regressou ao reino terrestre com um sentido de urgência renovado. Falou aos fiéis sobre a guerra no céu e a batalha em curso pelas almas da humanidade. As suas palavras carregavam um aviso e uma promessa.

"Os anjos caídos desejam devorar, mas o seu poder não se compara ao amor de Deus", declarou ele. "Não lhes dêem um ponto de apoio nos vossos corações. Agarrem-se à luz, pois ela é mais forte do que qualquer escuridão."

O seu testemunho inspirou os seus ouvintes a permanecerem vigilantes. Eles oraram por força e discernimento, buscando a proteção do Todo-Poderoso contra as ciladas do adversário.

Pedro continuou a proclamar a verdade dos anjos caídos, incitando todos os que o ouviam a permanecerem firmes na sua fé. Ele lembrou-lhes que a batalha não era apenas deles, mas era travada ao lado das hostes do Céu, sob a bandeira do Criador.

E, embora a lembrança da rebelião o enchesse de tristeza, Pedro encontrou esperança na promessa da vitória final. Sabia que a luz prevaleceria e que a escuridão, por mais feroz que fosse, um dia seria vencida para sempre.

Capítulo 6
Os Gigantes

A visão levou Pedro às profundezas antigas da história humana, uma época em que a Terra era jovem e os limites entre os reinos celeste e terrestre eram menos definidos. Ele encontrava-se numa paisagem intocada pelas cicatrizes da modernidade, onde o ar estava denso com a presença de forças divinas e profanas.

"Este é o tempo dos filhos de Deus que abandonaram a sua posição", disse a voz, ressoando com tristeza e gravidade.

Pedro ficou perturbado ao ver seres majestosos a descer dos céus, com formas radiantes, mas marcadas por um orgulho estranho e crescente. Eram os observadores, os anjos encarregados de observar e guiar a humanidade. Porém, quando olharam para as filhas dos homens, a sua admiração transformou-se em desejo e o seu dever deu lugar à rebelião.

"Eles profanaram o seu propósito", continuou a voz. "A luxúria dominou-os e eles tomaram para si esposas dentre a humanidade."

Pedro observou com espanto enquanto os observadores e os humanos se uniam e geravam descendentes estranhos e aterrorizantes. Esses eram os Nephilim, os gigantes do passado, cuja presença trouxe caos e corrupção à Terra. Elevando-se sobre os mortais, a sua força era incomparável, o seu intelecto formidável e os seus apetites insaciáveis.

Os Nephilim dominaram as terras, subjugando a humanidade à sua vontade. Cidades surgiram sob o seu domínio, construídas com feitos de engenharia além da capacidade humana. No entanto, o seu domínio não era de paz, mas sim de opressão e derramamento de sangue.

"Eles tornaram-se um flagelo", disse a voz. "A sua existência era uma afronta à ordem da criação, uma mistura do divino e do mortal que só trouxe destruição."

Pedro viu o medo nos olhos do povo, enquanto este suplicava aos céus pela libertação dos gigantes que se tinham feito deuses entre os homens.

A corrupção espalhou-se como uma praga, não apenas pelas ações dos Nephilim, mas também pelo conhecimento transmitido pelos seus pais caídos. Pedro foi ensinado pelos observadores as artes proibidas: a criação de armas, os segredos da alquimia e a manipulação da criação para fins egoístas.

Em vez de elevarem e iluminarem, esses presentes tornaram-se ferramentas de dominação e destruição. O equilíbrio da Terra foi perturbado e a violência encheu-a.

A voz falou novamente, com um tom pesado de julgamento. "A terra geme sob o peso deles. Os seus feitos contaminaram a terra e o clamor dos inocentes chegou aos meus ouvidos."

Pedro viu então um conselho nos céus, onde o Todo-Poderoso proclamou o julgamento dos vigilantes e dos seus descendentes.

"Eles não ficarão impunes", declarou a voz. "Os observadores serão presos em correntes de escuridão até ao julgamento final e os Nephilim serão varridos da face da Terra."

Pedro foi testemunha da execução da justiça divina. Anjos poderosos desceram, amarrando os observadores rebeldes e lançando-os no abismo. Os Nephilim, embora poderosos, não eram páreo para a ira de Deus.

A própria terra tornou-se uma arma contra eles. Caíram chuvas torrenciais, os rios transbordaram e o chão tremeu. Cidades inteiras ruíram sob o peso da retribuição divina e os gigantes poderosos foram engolidos pelo dilúvio.

À medida que a visão mudava, Pedro via as consequências do julgamento. A terra, outrora invadida pelos Nephilim e a sua maldade, foi purificada. A humanidade, embora diminuída e humilhada, recomeçou. No entanto, permaneceram vestígios dos Nephilim: ruínas antigas, mitos e a tênue memória de gigantes que outrora caminharam pela Terra.

"Esses remanescentes", disse a voz, "são um aviso para as gerações vindouras. Que se lembrem das consequências da rebelião e da justiça do Todo-Poderoso."

Pedro também viu que os espíritos dos Nephilim, incapazes de ascender aos céus ou descer ao abismo, transformaram-se em entidades errantes, à procura de descanso, mas sem o encontrarem. Eram espíritos imundos, demónios que atormentavam a humanidade, um lembrete perpétuo da corrupção nascida da união do céu e da terra.

Quando Pedro regressou da visão, o seu coração estava pesado com o peso do que tinha visto. A história dos Nephilim não era apenas um conto do passado, mas um relato cauteloso dos perigos do orgulho, da luxúria e da má utilização do poder.

Partilhou a visão com os fiéis, descrevendo a queda dos observadores, a ascensão dos gigantes e o julgamento divino que se seguiu.

"Os Nephilim eram poderosos, mas o seu poder foi a sua ruína", alertou Pedro. "Eles lembram-nos de que nenhum poder, nenhuma ambição, pode resistir à vontade de Deus. Andemos humildemente, para que não sejamos também derrubados."

As palavras de Pedro suscitaram tanto admiração como medo nos seus ouvintes. Alguns refletiram sobre os mistérios antigos, a sua fé fortalecida pelo conhecimento da justiça de Deus. Outros lutaram com as implicações, perturbados pelos ecos da rebelião que ainda permaneciam no mundo.

No entanto, Pedro permaneceu firme na sua missão, consciente de que a verdade dos Nephilim fazia parte da revelação maior que lhe havia sido confiada. Através da história deles, a humanidade foi lembrada dos limites estabelecidos pelo Criador e das consequências de os ultrapassar.

Enquanto Pedro continuava a proclamar a visão, orou para que as lições dos gigantes não fossem esquecidas, mas servissem de farol de sabedoria para as gerações futuras.

Capítulo 7
O Dilúvio

A visão levou Pedro ao mundo primordial, onde a Terra era jovem e a população humana começara a aumentar. A terra era fértil, os rios abundantes e os céus vastos e ininterruptos. No entanto, por baixo dessa beleza exterior, uma corrupção profunda apodrecia.

Pedro encontrava-se no meio de uma cidade fervilhante, com as suas ruas repletas de visões e sons de um povo consumido pelos seus próprios desejos. De repente, ouviu-se uma voz solene e ressonante.

"Eis a era da maldade, em que os pensamentos da humanidade eram apenas maus."

Pedro voltou o olhar para o céu, onde os gritos dos inocentes subiam como fumaça, misturando-se aos gemidos da própria terra. O próprio tecido da criação parecia esticado sob o peso do pecado da humanidade. A violência, a ganância e a luxúria dominavam a Terra, e a memória do Criador estava praticamente ausente dos seus corações.

No meio daquela escuridão, Pedro viu um homem que se destacava, um farol de justiça num mundo desviado.

"Este é Noé", disse uma voz. "Um homem irrepreensível no seu tempo, que andou com Deus quando todos os outros se afastaram."

Pedro viu Noé, uma figura simples, mas firme, ajoelhado em oração junto a um altar de pedra bruta. O seu rosto tinha as marcas da idade e do trabalho, mas os seus olhos refletiam uma fé profunda e duradoura. À sua volta, estavam a sua família — a sua esposa, filhos e noras — que partilhavam a sua devoção.

A voz continuou. "A Noé revelei a minha tristeza e o meu plano. Pois a terra está cheia de violência por meio da humanidade, e eis que os destruirei com a terra."

Pedro sentiu o coração a doer com a gravidade das palavras, mas viu em Noé uma determinação nascida da confiança na justiça e na misericórdia do Criador.

Pedro observou Noé a receber instruções divinas para construir uma arca. A visão revelou-lhe a enormidade da tarefa: um enorme recipiente de madeira de gofer, com as suas dimensões e o seu design ditados pelo próprio Criador. A arca seria um refúgio, um testemunho da misericórdia de Deus no meio do Seu julgamento.

Noé e a sua família trabalharam incansavelmente, suportando o escárnio e a zombaria dos vizinhos. Pedro viu as multidões zombadoras, cujas risadas contrastavam amargamente com a resolução firme do homem justo.

"Que loucura é esta que estão a construir?", provocaram eles. "Os céus não se abriram, e a terra não se abalou. O seu Deus esqueceu-se de vocês!"

No entanto, Noé não vacilou. Guiado pela fé, completou a arca, sabendo que obedecer a Deus era mais valioso do que a aprovação dos homens.

Enquanto a arca estava pronta, Pedro assistiu a uma reunião milagrosa de animais, dois por dois e sete por sete, conforme prescrito. Pássaros de todas as cores, animais de todos os tamanhos e criaturas terrestres entraram na arca, como se guiados por uma mão invisível.

A cena mudou e ouviu-se novamente a voz. "Então, as fontes do grande abismo irromperam, e as janelas do céu se abriram."

A chuva começou a cair — suavemente a princípio, depois em torrentes. O chão tremeu e as águas romperam de baixo, engolindo a terra. Os que outrora tinham zombado de Noé agora corriam aterrorizados, mas os seus gritos de libertação chegavam tarde demais.

Pedro viu a terra transformar-se num vasto mar ininterrupto, onde apenas a arca permaneceu a flutuar. A arca carregava consigo a semente de um novo começo, uma aliança preservada pela fidelidade de Noé.

A visão permaneceu sobre as águas, onde a arca flutuou durante quarenta dias e quarenta noites. Lá dentro, Noé e a sua família perseveraram com fé, confiantes de que o Deus que trouxera o dilúvio também os traria em segurança para a terra seca.

Pedro foi testemunha do momento em que as chuvas cessaram e as águas começaram a recuar. Montanhas surgiram, com os seus picos a romperem a superfície como ilhas de esperança. A arca pousou sobre as montanhas de Ararat e Noé soltou uma pomba para ver se havia terra seca.

A pomba regressou com uma folha de oliveira, um símbolo de paz e restauração. Pedro ficou comovido com a visão, compreendendo que, mesmo no momento do julgamento, a misericórdia de Deus permaneceu.

A visão voltou-se então para as consequências do dilúvio. Noé e a sua família pisaram a terra purificada, com os pés a afundar-se no solo húmido de um mundo renascido. Eles construíram um altar e ofereceram sacrifícios a Deus, as suas orações misturando-se com o aroma da oferta.

A voz falou, repleta de promessas. "Nunca mais amaldiçoarei a terra por causa do homem, nem destruirei toda a criatura viva como fiz. Estabeleço a minha aliança convosco e com os vossos descendentes, e com toda a criatura viva que está convosco."

Pedro testemunhou o sinal dessa aliança: um arco-íris brilhante a atravessar o céu, com cores radiantes e eternas. Era um símbolo de esperança, um lembrete de que o julgamento do Criador era sempre temperado pelo Seu amor.

Quando Pedro emergiu da visão, o peso do que tinha visto o oprimiu. O dilúvio não foi apenas um ato de destruição, mas um profundo ato de limpeza e renovação. Foi um lembrete da capacidade da humanidade para a maldade e da misericórdia duradoura de Deus.

Pedro partilhou a visão com aqueles que queriam ouvir, falando sobre a fé de Noé e a aliança que Deus estabeleceu com todos os seres vivos.

"O dilúvio foi um aviso, mas também uma promessa. A misericórdia de Deus é vasta, mas a Sua justiça não pode ser posta em causa. Andemos em retidão, como Noé, e confiemos na fidelidade do Criador."

As suas palavras agitaram os corações dos seus ouvintes, alguns movidos ao arrependimento e outros inspirados pela promessa duradoura do arco-íris. No entanto, Pedro sabia que as lições do dilúvio não se destinavam apenas à sua geração, mas a todas as que se lhe seguiriam.

A história de Noé e do dilúvio tornou-se uma pedra angular do seu testemunho, um apelo à fidelidade perante um mundo propenso à corrupção. Através dela, Pedro lembrou à humanidade o delicado equilíbrio entre julgamento e graça — um equilíbrio que não repousava nas mãos dos homens, mas no coração do Criador.

Capítulo 8
A Torre de Babel

A visão levou Pedro a uma vasta planície, onde o horizonte se estendia infinitamente sob um céu de claridade penetrante. Diante dele erguia-se uma estrutura de escala inimaginável, suas fundações profundamente cravadas na terra e seu cume perdido nos céus. A Torre de Babel, um monumento à ambição humana, se erguia desafiadora contra a ordem da criação.

"Isto", entoou a voz, "é a arrogância da humanidade, que procurou alcançar os céus com suas próprias forças".

Pedro estava na base da torre, cercado por uma multidão de pessoas. Eles trabalhavam incansavelmente, seus rostos estavam determinados e orgulhosos. Do topo da torre, os sons de formões e martelos ecoavam enquanto o edifício subia cada vez mais alto. A atmosfera estava carregada de um senso de unidade, mas não era uma unidade nascida da retidão.

"Eles se tornaram um em rebelião", continuou a voz. "Sua unidade não serve para glorificar o Criador, mas para desafiá-Lo."

A história começou após o dilúvio. A humanidade, tendo sobrevivido ao julgamento, espalhou-se pela terra, seus números crescendo mais uma vez. Mas, à medida que se multiplicavam, seu orgulho também crescia. Foi mostrado a Pedro sua decisão de se estabelecer na terra de Sinar, onde solo fértil e recursos abundantes prometiam prosperidade.

"Construiremos uma cidade para nós", declarou o povo, "e uma torre com o topo nos céus. Façamos um nome para nós mesmos, para que não sejamos espalhados pela face da terra."

Suas palavras revelaram sua intenção. A cidade não era para refúgio ou adoração, mas como uma declaração de sua independência do Criador. A torre era sua rebelião manifestada — uma tentativa física de reivindicar os céus como seus.

Pedro observou a construção, maravilhado com sua complexidade. As pessoas trabalhavam com uma eficiência nascida de um propósito compartilhado, usando tijolos cozidos no fogo e argamassa feita de betume. Seu conhecimento e engenhosidade eram notáveis, mas seus corações estavam longe de Deus.

A visão mudou, revelando o impacto espiritual de seu esforço. Pedro viu como sua unidade e ambição, embora impressionantes na superfície, estavam manchadas pelo orgulho e pelo medo. A torre não era um símbolo de esperança, mas de desafio, um monumento à crença de que a humanidade poderia controlar seu destino sem o Criador.

"Eles buscam ascender por sua própria força," a voz disse, "mas os céus não podem ser alcançados pelo orgulho. Seus corações estão fechados para mim, e seu trabalho terminará em ruína."

Enquanto Pedro olhava para cima, ele sentiu o peso do desafio da torre. Sua sombra se estendia pela planície, um lembrete gritante da tendência da humanidade de se exaltar acima do divino.

Então veio a intervenção do Todo-Poderoso. Pedro viu uma reunião nos céus, onde o Criador falou com a autoridade da sabedoria infinita.

"Eis que eles são um só povo, e têm uma só língua. Isto é apenas o começo do que farão. Desçamos e confundamos a sua língua, para que não se entendam uns aos outros."

Pedro tremeu ao testemunhar a descida divina. As vozes antes harmoniosas dos construtores se tornaram uma cacofonia de confusão. Homens e mulheres gritavam uns com os outros, suas palavras incompreensíveis, sua coordenação se desfazendo. As ferramentas silenciaram, e a grande torre ficou inacabada, suas pedras um testamento da futilidade da rebelião.

O povo, incapaz de se comunicar, se espalhou pela Terra e seu sonho de unidade foi destruído.

A visão de Pedro permaneceu no rescaldo de Babel. A planície outrora próspera tornou-se desolada, a cidade abandonada e a torre desmoronando sob o peso do tempo. No entanto, mesmo nas ruínas, Pedro viu a misericórdia de Deus.

A confusão de línguas não foi meramente um ato de julgamento, mas um meio de preservar a humanidade de um dano maior. Ao dispersar o povo, o Criador garantiu que sua unidade em rebelião não levaria à sua destruição completa.

"Isto," a voz explicou, "é tanto julgamento quanto graça. Eu não abandonarei a humanidade, mas não permitirei que eles se destruam em seu orgulho."

Quando Pedro retornou ao seu ambiente terreno, ele ponderou sobre as lições de Babel. A história não era meramente sobre uma torre, mas sobre os perigos da arrogância humana e as consequências de buscar grandeza à parte de Deus.

Ele compartilhou a visão com aqueles que queriam ouvir, falando sobre a loucura dos construtores e a sabedoria do Criador.

"A torre era alta", disse Pedro, "mas foi construída sobre uma fundação de orgulho. Lembremo-nos de que a verdadeira grandeza não está em nos exaltarmos, mas em nos humilharmos diante de Deus."

As palavras de Pedro ressoaram com seus ouvintes. Alguns foram lembrados de suas próprias ambições, reconhecendo as maneiras sutis em que o orgulho havia se infiltrado em suas vidas. Outros encontraram esperança no lembrete de que o julgamento de Deus sempre foi temperado pela misericórdia.

Por meio de seu testemunho, Pedro enfatizou a necessidade de humildade e dependência do Criador. Ele instou seus ouvintes a buscarem a unidade não na rebelião, mas na retidão, a construírem não monumentos para si mesmos, mas vidas que glorificassem a Deus.

A história de Babel se tornou uma pedra angular do ensinamento de Pedro, um aviso contra os perigos do orgulho e a importância de andar em obediência. E enquanto ele continuava a proclamar a visão, ele orou para que a humanidade aprendesse com o passado, escolhendo o caminho da humildade e da fidelidade em vez da busca vazia da autoexaltação.

Capítulo 9
Sodoma e Gomorra

A visão de Pedro desceu sobre ele como uma sombra pesada, envolvendo os seus sentidos e transportando-o para uma terra que brilhava com riqueza e beleza, mas escondia uma escuridão profunda e purulenta. As cidades de Sodoma e Gomorra erguiam-se diante dele, com os seus portões agitados pela atividade e as suas ruas repletas da opulência de um povo próspero. No entanto, sob o verniz da abundância, uma corrupção prosperava que logo atrairia a ira divina.

"Isto", disse a voz, ressoando com tristeza e justiça, "é o fim de um povo que se voltou contra a retidão".

Pedro encontrava-se à beira de Sodoma, o seu espírito a tremer enquanto observava os seus habitantes. Eles moviam-se pelas suas vidas com alegria aparente, mas os seus atos estavam impregnados de arrogância, crueldade e indulgência desenfreada. Os gritos dos oprimidos e violados subiam do coração da cidade, misturando-se com a fumaça acre dos sacrifícios feitos não ao Criador, mas a ídolos da sua própria criação.

A visão atraiu Pedro mais profundamente, revelando a natureza do pecado de Sodoma. O seu povo tinha abandonado os caminhos do Criador, rejeitando a justiça e a misericórdia em favor da autogratificação. Pedro viu atos de violência e perversão nas ruas abertas, uma sociedade na qual os fracos eram pisados e os estrangeiros eram desprezados.

No entanto, no meio da escuridão, houve um lampejo de luz. Pedro viu a casa de Ló, um homem que procurava viver com retidão, apesar da corrupção que o rodeava. O rosto de Ló estava cansado, o seu espírito sobrecarregado pela maldade que o rodeava, mas a sua fé permanecia intacta.

A voz falou novamente. "Por causa de um homem justo, adiei o meu julgamento, mas chegou a hora, pois o clamor contra estas cidades é grande e os seus pecados são muito graves."

Pedro foi então transportado para um momento crucial. Três figuras radiantes e sobrenaturais aproximaram-se da cidade. Elas carregavam a presença inconfundível de mensageiros enviados pelo Todo-Poderoso. Pedro reconheceu uma delas como o próprio Senhor, envolto numa forma que a humanidade poderia suportar.

A visão mudou para uma colina com vista para a planície, onde Abraão, o patriarca, orava com fervor. Ele suplicava pelas cidades, a sua voz cheia de compaixão e preocupação.

"Destruirás o justo com o ímpio?" — perguntou Abraão. "Longe de ti fazer tal coisa! O Juiz de toda a terra não fará o que é justo?"

A resposta do Senhor foi paciente e justa. "Se encontrar dez pessoas justas na cidade, poupar-lhe-ei por amor a elas."

Pedro ficou com o coração apertado ao perceber a gravidade do momento. A misericórdia de Deus era vasta, mas a maldade de Sodoma e Gomorra era demasiado grande.

Ao cair da noite, Pedro assistiu aos momentos finais de Sodoma. Ló recebeu os mensageiros celestiais em sua casa, oferecendo-lhes abrigo e proteção. Porém, a maldade da cidade logo se revelou. Uma multidão reuniu-se à porta de Ló, exigindo que os estrangeiros lhes fossem entregues para os seus intentos vis.

Ló, desesperado por querer proteger os seus convidados, saiu, suplicando à multidão. A sua voz tremeu enquanto implorava para que se afastassem da sua maldade. Porém, os seus corações estavam endurecidos e a sua luxúria e violência estavam descontroladas.

Os mensageiros intervieram, puxando Ló de volta para dentro e cegando a multidão. "Reúna a sua família", disseram eles. "Fujam deste lugar, pois o Senhor está prestes a destruir a cidade."

Pedro assistiu à tentativa desesperada de Ló em salvar a sua família. Ele implorou aos genros que o acompanhassem, mas eles riram-se, considerando o seu aviso um delírio de loucura. Com o coração pesado, Ló, a sua esposa e as suas duas filhas fugiram da cidade, guiados pelos mensageiros.

A visão mudou novamente e Pedro viu a destruição de Sodoma e Gomorra. Fogo e enxofre caíram do céu, consumindo tudo no seu caminho. As cidades outrora prósperas foram reduzidas a ruínas fumegantes, apagando a sua maldade da terra.

A esposa de Ló, incapaz de abandonar a vida que conhecia, voltou atrás apesar do aviso. Pedro viu-a transformar-se numa estátua de sal, um monumento sombrio ao perigo de se apegar ao passado.

A devastação resultante foi uma cena de desolação. A planície outrora verdejante, antes comparada ao jardim do Senhor, transformou-se num deserto árido. Subia fumaça das cinzas, um lembrete severo das consequências do pecado impenitente.

No entanto, mesmo no meio do julgamento, Pedro testemunhou a misericórdia de Deus. Ló e as suas filhas encontraram refúgio nas montanhas, tendo as suas vidas sido poupadas graças à sua fidelidade. A visão permaneceu no rosto manchado de lágrimas de Ló enquanto ele orava, o seu coração pesado de gratidão e tristeza.

Quando Pedro regressou da visão, sentiu o peso das suas lições a pressioná-lo. A história de Sodoma e Gomorra não era apenas um conto de destruição, mas um profundo aviso sobre os perigos de se afastar da retidão e rejeitar os caminhos do Criador.

Partilhou a visão com aqueles que o rodeavam, a sua voz cheia de urgência. "Os pecados de Sodoma não estavam escondidos do Senhor, nem os nossos. Não nos tornemos complacentes nos nossos caminhos, pois a justiça d'Ele é certa. No entanto, a Sua misericórdia perdura para aqueles que se arrependem e O procuram."

As palavras de Pedro despertaram tanto medo como esperança nos seus ouvintes. Alguns reconheceram os seus próprios erros e decidiram mudar de vida. Outros admiraram-se com a misericórdia de Deus, que poupou os justos mesmo durante o julgamento.

Através do seu testemunho, Pedro lembrou à humanidade a importância do equilíbrio entre a justiça divina e a misericórdia. A história de Sodoma e Gomorra tornou-se uma pedra angular do seu ensinamento, um apelo ao arrependimento e um apelo à retidão num mundo que tantas vezes se afasta da luz.

Enquanto continuava a proclamar a sua visão, Pedro orou para que as lições das cidades não fossem esquecidas, mas inspirassem todos os que as ouvissem a viver humildemente com o seu Deus.

Capítulo 10
O Êxodo

A visão começou com o calor crepitante do sol do deserto, o seu brilho implacável a iluminar a vasta extensão da terra do Egito. Pedro encontrava-se de pé no meio de uma multidão de pessoas, cujos rostos estavam marcados pelo cansaço e desespero. Eram os descendentes de Abraão, Isaque e Jacó — os filhos de Israel — escravizados sob o governo severo do Faraó. Os sons do seu trabalho encheram o ar: o barulho de tijolos, o estalar de chicotes e os gritos abafados de um povo oprimido há gerações.

A voz chegou a Pedro, ressonante e carregada de tristeza e determinação. "Eis o meu povo em cativeiro. Os seus clamores chegaram aos meus ouvidos e lembrei-me da minha aliança com Abraão."

A visão de Pedro mudou para o deserto, onde uma figura solitária se erguia diante de um arbusto envolto em chamas, mas não consumido. Era Moisés, o pastor relutante escolhido por Deus para libertar o Seu povo. Pedro observou a voz do Todo-Poderoso a falar do fogo, ordenando que Moisés regressasse ao Egito e confrontasse o Faraó com uma exigência divina.

"Vai e diz ao Faraó para deixar o meu povo ir, para que me sirva", declarou a voz.

Pedro viu a luta no coração de Moisés, o medo e a dúvida que obscureciam a sua determinação. No entanto, o Criador tranquilizou-o, concedendo sinais e maravilhas para confirmar a sua autoridade. Moisés estava armado não com armas, mas com o poder de Deus, graças a um cajado que se transformava em serpente e a uma mão que se tornou leprosa e foi curada.

A visão levou Pedro aos tribunais do Faraó, onde Moisés e o seu irmão Arão estavam diante do poderoso governante do Egito. O Faraó, envolto em vestes opulentas e sentado num trono dourado, ouviu com uma mistura de desdém e divertimento enquanto Moisés transmitia o comando do Senhor.

"Assim diz o Senhor, Deus de Israel: Deixa ir o meu povo, para que me celebre uma festa no deserto."

A risada do faraó era fria, a sua voz transbordava arrogância. "Quem é o Senhor, para que eu O obedeça? Não conheço o Senhor, e além disso, não deixarei Israel partir."

Pedro observou o endurecimento do coração do Faraó à medida que as pragas começaram a cair sobre o Egito. Cada praga era um desafio direto aos deuses dos egípcios, uma demonstração da supremacia do Criador sobre os seus falsos ídolos.

Pedro assistiu à transformação das águas do Nilo em sangue, o sangue vital do Egito a tornar-se um símbolo de julgamento. Rãs invadiram a terra, seguidas por mosquitos e moscas, cada praga mais devastadora que a anterior. O gado morreu, o povo foi afligido por furúnculos e granizo caiu com fogo, destruindo plantações e lares.

No entanto, o Faraó permaneceu inflexível, o seu orgulho cegando-o quanto ao poder do Todo-Poderoso. Mesmo quando os gafanhotos devoraram o pouco que restava e a escuridão caiu sobre a terra por três dias, o coração do Faraó permaneceu endurecido.

Pedro ficou triste ao ver o sofrimento dos egípcios, os inocentes que foram apanhados no rasto do desafio do seu governante. No entanto, ele também compreendeu a justiça do Senhor, que não estava apenas a julgar o Faraó, mas a cumprir a Sua promessa de libertar o Seu povo.

A visão atingiu o clímax com a praga final: a morte do primogénito. Pedro encontrava-se entre os israelitas enquanto estes se preparavam para a noite da libertação, cada família selecionando um cordeiro imaculado e marcando os umbrais das suas portas com o seu sangue.

"Esta é a Páscoa", disse a voz. "Quando eu vir o sangue, passarei por cima de vocês e nenhuma praga cairá sobre vocês para os destruir."

Pedro testemunhou a solenidade do momento enquanto os israelitas comiam a refeição da Páscoa apressadamente, com as sandálias nos pés e os cajados nas mãos, prontos para partir a qualquer momento. Os gritos do Egito encheram a noite enquanto o anjo da morte passava pela terra, matando os primogénitos de todas as famílias que não estavam marcadas com o sangue.

Faraó, destroçado pela perda do seu próprio filho, acabou por ceder. "Vá", disse ele a Moisés, a voz a tremer de tristeza. "Leve o seu povo e vá embora."

A visão levou Pedro ao Mar Vermelho, onde os israelitas se viram perseguidos pelo exército do faraó, cujo coração se tornara novamente duro. Preso entre o mar e as carruagens do Egito, o medo apoderou-se do povo, mas Moisés permaneceu firme.

"Não temais", declarou ele, "permaneçam firmes e vejam a salvação do Senhor, que hoje Ele vos concederá".

Pedro observou com admiração enquanto Moisés estendia o seu cajado sobre o mar, que se abriu, revelando terra seca. Os israelitas atravessaram em segurança, com as paredes de água a elevarem-se dos dois lados. Quando o exército do faraó os seguiu, o mar voltou ao seu lugar, engolindo as carruagens e os cavaleiros num ato final de julgamento.

Do outro lado do mar, Pedro viu os israelitas erguerem as vozes num cântico de triunfo. Miriam, a irmã de Moisés, liderava as mulheres na dança, com tamborins nas mãos, cantando: "Cantem ao Senhor, pois Ele triunfou gloriosamente; o cavalo e o seu cavaleiro Ele lançou no mar."

No entanto, mesmo no meio da celebração, Pedro anteviu os desafios que estavam por vir. O deserto aguardava, um tempo de teste que revelaria os corações do povo.

Quando Pedro regressou da visão, o seu coração estava carregado com o peso do seu significado. A história do Êxodo não era apenas um conto de libertação, mas um testemunho do poder da fidelidade de Deus e dos perigos do orgulho humano.

Partilhou a visão com aqueles que a ouviriam, a sua voz cheia de admiração e urgência. "O Senhor ouve os clamores do Seu povo", disse Pedro. "Ele é fiel para libertar, mas também nos chama à obediência e confiança. Não endureçamos os nossos corações como o Faraó fez, mas sigamos-O com humildade e fé."

As palavras de Pedro agitaram os seus ouvintes, inspirando-os a refletir sobre as suas próprias vidas. Alguns encontraram esperança no lembrete de que Deus é um libertador, enquanto outros foram desafiados a examinar a dureza dos seus corações.

Através do seu testemunho, Pedro lembrou à humanidade as lições do Êxodo — um apelo para confiar na provisão do Senhor e viver de acordo com os Seus ensinamentos. A história da jornada dos israelitas da escravidão para a liberdade tornou-se uma pedra angular do seu ensinamento, um lembrete da aliança duradoura entre Deus e o Seu povo.

Enquanto continuava a proclamar esta visão, Pedro orou para que todos os que ouvissem encontrassem o seu próprio êxodo, deixando para trás a escravidão do pecado e caminhando na liberdade do amor do Criador.

Capítulo 11
Lei Mosaica

A visão levou-o à base de uma montanha envolta em nuvens e fogo, com o seu pico obscurecido pelo brilho da glória divina. O ar estava carregado de uma santidade tão palpável que Pedro ficou maravilhado. À sua volta, uma multidão de pessoas encontrava-se à distância, com os rostos marcados por uma mistura de reverência e medo.

"Este é o Sinai", disse uma voz, ressoando como o trovão que rolou pelos céus. "Aqui, revelei a minha aliança a um povo escolhido, para que andassem nos meus caminhos."

Pedro voltou o seu olhar para uma única figura que subia a montanha: Moisés, o homem chamado para mediar entre Deus e o Seu povo. Vestido com humildade e coragem, Moisés subiu mais alto, desaparecendo na nuvem de glória que repousava sobre o cume. As pessoas abaixo observavam em silêncio; o fogo e a fumaça eram um lembrete da santidade da qual não ousavam aproximar-se.

Enquanto Pedro seguia em espírito, viu Moisés entrar na presença do Todo-Poderoso. A voz falou com Moisés, cada palavra impregnada de poder e amor, uma revelação da vontade divina.

"Eu sou o Senhor teu Deus, que te tirei da terra do Egito, da casa da servidão. Não terás outros deuses diante de mim."

Foram dados os mandamentos, cada um deles uma fundação para uma vida de retidão e justiça. Pedro sentiu o seu peso, não como fardos, mas como presentes — diretrizes que refletiam o carácter do Criador e o Seu desejo de que a humanidade vivesse em harmonia com Ele e uns com os outros.

A visão mudou e Pedro viu Moisés a descer a montanha, com os braços a segurar duas tábuas de pedra gravadas pelo dedo de Deus. O povo, impaciente com a sua ausência, voltou-se para a idolatria, criando um bezerro de ouro e proclamando-o deus. A sua loucura era um contraste amargo com a santidade da aliança que Moisés trazia consigo.

Pedro sentiu o coração a doer ao ver Moisés confrontar o povo, o seu rosto radiante com a glória de Deus, mas o seu espírito carregado de raiva justa. As tábuas, símbolos da aliança, despedaçaram-se no chão, refletindo a fragilidade da relação do povo com o seu Criador.

No entanto, mesmo no meio do julgamento, houve misericórdia. Moisés regressou à montanha, intercedendo em favor do povo. A voz respondeu com justiça e graça, renovando a aliança e repetindo os mandamentos.

A visão ampliou-se, revelando o âmbito completo da Lei Mosaica. Pedro contemplou as suas muitas facetas: as leis morais que exigiam retidão, as leis cerimoniais que orientavam a adoração e as leis civis que garantiam a justiça entre o povo. Cada lei era um fio na tapeçaria da aliança, tecendo uma imagem de uma sociedade santa e justa.

"Esta é a minha aliança", disse a voz, "não para sobrecarregar, mas para abençoar; não para escravizar, mas para libertar".

Foi mostrado a Pedro como a lei separava Israel, um povo consagrado ao Criador no meio das nações da Terra. Os festivais, sacrifícios, sábados e rituais apontavam todos para uma verdade mais profunda: a necessidade de expiação e a promessa de redenção.

Enquanto Pedro observava, foram-lhe mostradas as limitações da lei. Embora perfeita em intenção, não conseguia mudar os corações daqueles que a seguiam. Ele viu as pessoas tropeçarem repetidamente, a sua obediência vacilar e a sua fé diminuir.

A voz falou novamente, com um tom cheio de lamento e esperança. "A lei é santa, mas os corações dos homens são fracos. É uma sombra do que está por vir, um guia que aponta para o cumprimento da aliança no meu Filho."

Pedro sentiu um arrepio quando compreendeu a ligação entre a lei e a promessa do Messias. Os sacrifícios de cordeiros e bodes, o sangue aspergido no altar, tudo prenunciava o sacrifício final que traria expiação verdadeira e duradoura.

A visão mudou mais uma vez e Pedro viu o povo de Israel a vaguear no deserto, com a coluna de nuvem a guiar-lhes a jornada durante o dia e o fogo a guiar-lhes a noite. Apesar das suas queixas e rebeliões, a presença do Criador permaneceu com eles, um testemunho da Sua fidelidade duradoura.

No coração do acampamento deles ficava o tabernáculo, um santuário portátil onde o céu e a terra se encontravam. Foi mostrado a Pedro o intrincado design do tabernáculo, a sua arca dourada e a mobília sagrada, cada elemento um reflexo da glória divina.

"É aqui que habito entre o meu povo", disse a voz, "uma sombra da morada maior que está por vir".

Quando Pedro regressou da visão, o seu coração ardia de entendimento. A Lei Mosaica não era apenas um conjunto de regras, mas uma revelação da santidade de Deus e do Seu desejo de que a humanidade vivesse em comunhão com Ele.

Partilhou a visão com aqueles que queriam ouvir, falando sobre os mandamentos e a aliança, os sacrifícios e o tabernáculo.

"A lei revela o carácter de Deus", disse Pedro. "É uma lâmpada para iluminar o nosso caminho, mas também nos mostra a nossa necessidade de graça. Honremos a lei, não apenas por obras, mas voltando os nossos corações para Aquele que a cumpre."

As palavras de Pedro ressoaram profundamente, inspirando os seus ouvintes a refletir sobre as suas próprias vidas. Alguns foram movidos ao arrependimento, reconhecendo a sua incapacidade de cumprir a lei por si mesmos. Outros encontraram esperança na promessa do Messias, que levaria a lei ao seu cumprimento.

Através do seu testemunho, Pedro destacou a importância duradoura da Lei Mosaica — não como um fardo, mas como um guia que conduz à maior aliança da graça. A história do Monte Sinai e a entrega da lei tornaram-se uma pedra angular do seu ensinamento, um lembrete da santidade de Deus e do Seu desejo inflexível de relacionamento com o Seu povo.

Enquanto Pedro continuava a proclamar esta visão, orou para que todos os que ouvissem encontrassem na lei não condenação, mas a promessa de redenção por meio daquele que veio para a cumprir.

Capítulo 12
Os Profetas

A visão atraiu Pedro para o coração do antigo Israel, onde a terra estava vibrante e viva, mas sobrecarregada pelo peso da rebelião do seu povo. Os ventos traziam sussurros de avisos divinos entrelaçados com promessas de esperança. Pedro deparou-se com homens e mulheres que se destacavam, escolhidos pelo Criador para transmitir as Suas palavras a uma nação rebelde. Eram os profetas, os vigias de Israel, cujas vozes carregavam tanto trovões como consolo.

"Estes são os meus mensageiros", declarou uma voz, ressonante tanto com autoridade como com ternura. "Não falam as suas próprias palavras, mas as minhas. Por meio deles, chamo o meu povo para que regresse a mim."

Pedro viu Elias pela primeira vez, o profeta ígneo do Monte Carmelo. Ele ficou sozinho diante dos profetas de Baal, com a sua figura imponente e inflexível. À sua volta, uma nação dividida entre a lealdade ao Deus dos seus antepassados e o fascínio sedutor de ídolos estrangeiros.

"Até quando vão continuar divididos entre duas opiniões?" Elias gritou. "Se o Senhor é Deus, sigam-no; mas se Baal, então sigam-no."

Pedro assistiu ao dramático confronto enquanto Elias orava e o fogo desceu do céu, consumindo o sacrifício, o altar e até a água à volta. O povo caiu de joelhos, clamando: "O Senhor é Deus!"

No entanto, mesmo no seu triunfo, Pedro viu a angústia de Elias, que fugiu para o deserto e lamentou o seu isolamento. A resposta do Criador não veio sob a forma de fogo ou tempestade, mas sim num sussurro gentil, lembrando Elias de que este nunca estivera verdadeiramente sozinho.

A visão mudou e Pedro viu Isaías, cujas palavras soavam como poesia, mas eram como um martelo a atingir. De pé diante da visão do Senhor, alto e exaltado, Isaías clamou: "Ai de mim! Pois estou perdido; pois sou um homem de lábios impuros, e habito no meio de um povo de lábios impuros."

Pedro observou um serafim a tocar uma brasa acesa nos lábios de Isaías, purificando-o e preparando-o para a sua missão. As profecias de Isaías retratavam um cenário duplo: de julgamento pelo pecado e rebelião, mas também do Messias vindouro, o Servo Sofredor que carregaria os pecados da humanidade.

"Pelas suas pisaduras fomos sarados", declarou Isaías, e o coração de Pedro ardeu com o reconhecimento do seu Mestre naquelas palavras.

Seguidamente, Pedro estava com Jeremias, o profeta choroso, cujo coração se partia pelo povo de Judá. Pedro viu-o a implorar a reis e sacerdotes, alertando-os para o exílio iminente se não se afastassem dos seus maus caminhos.

"Esta é a aliança que farei com a casa de Israel", proclamou Jeremias, com a voz a tremer de tristeza e esperança. "Porei a minha lei dentro deles e escreverei a lei no seu coração. E eu serei o seu Deus, e eles serão o meu povo."

Pedro sentiu o peso da tristeza de Jeremias quando este foi ridicularizado, aprisionado e lançado numa cisterna. No entanto, a fé de Jeremias permaneceu firme, sustentada pela promessa de restauração e de uma nova aliança.

Ezequiel apareceu, um profeta de visões e símbolos. Pedro viu o vale dos ossos secos, uma extensão desolada onde a morte reinava. Ezequiel ficou de pé no meio dos ossos, e a voz do Criador ordenou: "Profetiza sobre estes ossos, e dize-lhes: Ó ossos secos, ouçam a palavra do Senhor."

Enquanto Ezequiel falava, Pedro observava com admiração os ossos a abanar, a juntar-se e a ser revestidos de carne. O fôlego entrou neles e ergueram-se como um vasto exército — uma visão da ressurreição e da restauração do povo de Deus.

A voz falou com Pedro, explicando: "Os meus profetas não falaram apenas de julgamento, mas de renovação. Eles proclamaram que a morte não teria a palavra final, pois eu sou o Deus da vida."

Pedro viu então as vozes mais pequenas, os chamados profetas menos conhecidos, cujas mensagens não eram menos importantes. Amós condenou a injustiça, pedindo que rios de retidão fluíssem. A vida de Oséias tornou-se uma parábola viva do amor inabalável de Deus pelo Seu povo infiel. Miquéias falou sobre viver em humildade com Deus e Malaquias predisse a vinda de Elias antes do grande e terrível dia do Senhor.

Cada profeta, no seu tempo e lugar, carregou o fardo de proclamar a verdade a um povo muitas vezes relutante em ouvir. No entanto, as suas palavras perduraram, preservadas como um testamento da busca implacável do Criador pelo seu povo.

À medida que a visão se aproximava do fim, Pedro viu um fio de ouro a percorrer as vidas dos profetas — um fio de esperança entrelaçado nos avisos e nas promessas destes. Aquele fio apontava para a vinda do Messias, o cumprimento da aliança e a restauração de todas as coisas.

A voz falou uma última vez. "Os meus profetas eram vozes a clamar no deserto, a preparar o caminho para o meu Filho. A sua mensagem perdura, chamando todos os que a ouvem ao arrependimento e à esperança."

Quando Pedro regressou da visão, o seu coração estava pesado com o peso das palavras dos profetas, mas também cheio da esperança que elas carregavam. Reuniu os fiéis e partilhou o que tinha visto.

"Os profetas não foram enviados para destruir, mas sim para restaurar", disse Pedro. "As suas advertências nasceram do amor, e as suas promessas falavam de redenção. Vamos ouvir as suas vozes, pois elas chamam-nos de volta ao Deus que anseia ser nosso Pai."

O testemunho de Pedro despertou uma profunda resposta nos seus ouvintes. Alguns refletiram sobre os avisos dos profetas, reconhecendo a necessidade de se arrependerem nas suas próprias vidas. Outros foram inspirados pelas promessas, encontrando esperança na fidelidade de Deus.

Através das suas palavras, Pedro destacou a importância duradoura dos profetas. As suas mensagens não eram relíquias do passado, mas palavras vivas que continuaram a falar aos corações da humanidade.

Enquanto Pedro proclamava a visão, orou para que todos os que ouvissem respondessem ao apelo dos profetas, abandonando os seus pecados e abraçando a esperança da restauração que estava para vir.

Capítulo 13
O Messias

A visão desdobrou-se com um brilho diferente de tudo o que Pedro já tinha visto antes. Uma luz perfurou a escuridão, iluminando a história humana na sua plenitude. No centro desse brilho encontrava-se a figura do Messias, o prometido e predito pelos profetas, e desejado por gerações. Pedro sentiu o seu espírito a tremer de admiração ao contemplar a concretização da promessa divina encarnada num homem.

"Este é o meu Filho", disse uma voz, repleta de amor e autoridade. "Nele, todas as minhas promessas são cumpridas, e por meio dele, a esperança da humanidade é restaurada."

Pedro foi transportado para a cidade de Belém numa noite tranquila sob um dossel de estrelas. Viu pastores a cuidar dos seus rebanhos, vidas marcadas pela simplicidade e pelo trabalho. De repente, os céus abriram-se e um anjo apareceu, proclamando: "Não temais, pois eis que vos trago boas novas de grande alegria, que será para todo o povo. Pois hoje, na cidade de Davi, nasceu-vos o Salvador, que é Cristo, o Senhor."

Os pastores correram para um estábulo, onde encontraram o Menino Jesus deitado numa manjedoura. A sua presença era humilde, mas divina. Pedro ficou com o coração repleto de alegria ao compreender que o Criador havia escolhido entrar no mundo não em poder e grandeza, mas em humildade e vulnerabilidade.

"É assim que eu amo o mundo", explicou a voz. "Por meio do meu Filho, habito entre o meu povo, trazendo salvação aos humildes e perdidos."

A visão mudou, levando Pedro a viver com o Messias. Ele viu-O como uma criança no templo, surpreendendo os mestres com o Seu entendimento e sabedoria. Ele testemunhou o momento do Seu batismo no Jordão, quando os céus se abriram e o Espírito desceu sobre Ele na forma de uma pomba, e ouviu a voz do Todo-Poderoso declarar: "Este é o meu Filho amado, em quem me comprazo."

Pedro seguiu o Messias por cidades e vilas, onde Ele curou os doentes, devolveu a visão aos cegos e expulsou demónios. Ele viu multidões reunidas para ouvir os Seus ensinamentos, rostos cheios de admiração enquanto Ele falava do reino dos céus, do perdão e do amor de Deus.

"Este é o cumprimento da lei e dos profetas", disse a voz. "Em meu Filho, os quebrados são curados, os perdidos são encontrados e os cansados encontram descanso."

No entanto, a visão também revelou a rejeição enfrentada pelo Messias. Pedro viu os líderes de Israel, com os seus corações endurecidos pelo orgulho e pelo medo, a conspirar contra Ele. Ele observou as multidões, antes ansiosas por ouvir as Suas palavras, afastarem-se, incapazes de aceitar o custo do discipulado.

A voz falou novamente, cheia de tristeza. "Ele foi desprezado e rejeitado pelos homens, um homem de dores e familiarizado com o sofrimento. No entanto, através do Seu sofrimento, Ele traz redenção."

Pedro ficou comovido quando a visão o levou a Jerusalém, onde o Messias entrou na cidade aos gritos de "Hosana!", apenas para enfrentar a traição e a condenação dias depois.

A visão permaneceu na noite da Última Ceia, quando o Messias se reuniu com os Seus discípulos. Pedro viu-se a si mesmo na sala, com o coração cheio de devoção e confusão. O Messias partiu o pão e repartiu o cálice, declarando: "Este é o meu corpo, dado por vós. Este cálice é a nova aliança no meu sangue, derramado por muitos para o perdão dos pecados."

Pedro compreendeu, finalmente, o que tanto lhe custara compreender naquele momento: a missão do Messias não era conquistar pelo poder, mas salvar pelo sacrifício.

A visão tornou-se sombria ao revelar o caminho para o Gólgota. Pedro viu o Messias, espancado e ensanguentado, a carregar a cruz pelas ruas de Jerusalém. A multidão zombou, mas entre eles havia aqueles que choravam, a sua tristeza um testemunho do seu amor por Ele.

No lugar do crânio, Pedro assistiu à crucificação: os pregos cravados na carne, os gritos agonizantes e a escuridão que caiu sobre a terra. As últimas palavras do Messias ecoaram na visão: "Está consumado."

A terra tremeu e o véu do templo rasgou-se em dois, significando que a barreira entre Deus e a humanidade tinha sido removida.

No entanto, a visão não terminou em morte. Pedro foi transportado para o túmulo no jardim, onde a pedra tinha sido removida. Ele viu o Messias ressuscitado, radiante com a glória da vitória sobre o pecado e a morte. As feridas nas suas mãos e no seu lado eram visíveis, mas já não significavam dor, mas sim triunfo.

"Esta é a esperança da humanidade", declarou uma voz. "Por meio do meu Filho, a morte é derrotada e a vida eterna é oferecida a todos os que nele creem."

Enquanto a visão desaparecia, o coração de Pedro ardia de entendimento. O Messias não era apenas uma figura do passado, mas a concretização viva de tudo o que havia sido prometido. A Sua vida, morte e ressurreição eram a pedra angular da redenção da humanidade, a ponte entre o Criador e a Sua criação.

Pedro reuniu os fiéis e partilhou a visão com urgência e alegria.

"O Messias veio", proclamou. "Ele é a esperança das nações, a luz do mundo e o cumprimento da promessa de Deus. Nele, encontramos vida e, por meio dele, somos restaurados."

O testemunho de Pedro comoveu profundamente os seus ouvintes. Alguns choraram de gratidão, reconhecendo o Messias como seu Salvador. Outros, consumidos pela culpa, encontraram esperança na certeza do perdão.

Pedro realçou, nas suas palavras, a centralidade do Messias para o plano divino. A sua vinda não foi apenas um acontecimento na história, mas o cumprimento de uma aliança que se estendeu da eternidade passada à eternidade futura.

Enquanto Pedro continuava a proclamar a visão, orou para que todos os que ouvissem abraçassem o Messias, encontrando Nele a redenção e a esperança que somente Ele poderia oferecer.

Capítulo 14
A Cruz

A visão revelou-se com uma clareza austera e assustadora, atraindo Pedro para o sopé de uma colina acidentada fora de Jerusalém. O local, chamado Gólgota, erguia-se como uma silhueta sombria contra um céu escurecido pela tempestade. No seu cume, havia três cruzes austeras e imponentes, com armações de madeira manchadas com o sangue dos condenados.

"Este é o centro do meu plano", disse uma voz, com um tom simultaneamente sombrio e triunfante. "Aqui, a justiça e a misericórdia encontram-se, e o destino de toda a humanidade é decidido."

Ao aproximar-se da cruz central, onde o Messias estava pendurado em agonia, o espírito de Pedro tremeu. O seu corpo estava partido, o seu rosto desfigurado para além do reconhecimento, e ainda assim uma paz profunda irradiava dele. Pedro ficou impressionado com o paradoxo da cena: o Salvador do mundo, abandonado e humilhado, a carregar o peso do pecado sobre os ombros.

A multidão abaixo era uma mistura de desprezo e tristeza. Alguns zombavam, as vozes cheias de desdém: "Se és o Filho de Deus, desce da cruz!" Outros choravam silenciosamente, com o coração partido ao ver o Cordeiro inocente a sofrer pelos culpados.

Acima da cruz, havia uma placa com a inscrição em várias línguas: "Jesus de Nazaré, Rei dos Judeus". Tinha sido concebida como zombaria, mas Pedro agora entendia a sua verdade. A cruz não era uma derrota, mas sim uma coroação, o ato máximo da realeza.

A visão levou Pedro a compreender o significado espiritual do momento. Ele não viu o sofrimento do Messias apenas como resultado da crueldade humana, mas como o cumprimento deliberado da justiça divina. Os pecados da humanidade, desde o menor engano até à mais grave atrocidade, foram-Lhe imputados.

"Este é o cálice que Ele escolheu beber", disse a voz. "A ira reservada para os culpados é derramada sobre os inocentes, para que os culpados possam ser libertados."

Foi mostrada a Pedro a escuridão que envolvia a Terra, uma manifestação da separação suportada pelo Messias. Ele ouviu o grito penetrante: "Meu Deus, meu Deus, por que me abandonaste?" Era o grito de alguém que suportou todo o peso da separação entre o Criador e a humanidade.

A visão mudou para revelar o reino espiritual, onde as forças das trevas se reuniram, convencidas de que tinham vencido. Pedro viu-os a regozijar-se com o seu triunfo aparente, sem saber que a sua derrota era iminente. A cruz, um símbolo de vergonha e morte, estava a tornar-se o instrumento da sua ruína.

"Este é o mistério da redenção", explicou a voz. "Por meio da morte, a vida é restaurada. Por meio do sofrimento, a vitória é alcançada. Por meio da cruz, o meu amor está completo."

Pedro ouviu as últimas palavras do Messias ecoarem pelos reinos físico e espiritual: "Está consumado". Naquele momento, o véu do templo rasgou-se em dois, de cima a baixo, simbolizando a remoção da barreira entre Deus e a humanidade.

Pedro ficou a observar a cena no pé da cruz, onde viu um pequeno grupo de seguidores fiéis: Maria, a mãe de Jesus, João, o discípulo amado, e Maria Madalena. Os seus rostos estavam marcados pela tristeza, mas por trás dessa tristeza havia um amor inabalável.

Retiraram o corpo do Messias, que foi envolvido em linho e colocado num túmulo. Uma pedra pesada foi rolada sobre a entrada, selando o que parecia ser o fim da esperança. No entanto, Pedro agora sabia o que os outros ainda não conseguiam ver: a cruz não era o fim, mas o início de uma nova aliança selada pelo sangue do Cordeiro.

A visão expandiu-se, revelando o efeito cascata da cruz ao longo do tempo e do espaço. Pedro viu inúmeras almas ajoelhadas em arrependimento, com os seus fardos aliviados ao colocarem a sua fé naquele que morrera por elas. Ele testemunhou vidas transformadas, correntes de pecado quebradas e relacionamentos restaurados.

"Este é o poder da cruz", disse uma voz. "É loucura para aqueles que estão a perecer, mas para aqueles que estão a ser salvos, é o poder de Deus."

Ao testemunhar o triunfo da cruz, o espírito de Pedro elevou-se. O sacrifício do Messias não foi um evento único, mas um ato eterno de amor, que atraiu todos os que cressem para o abraço do Criador.

Quando a visão desapareceu, Pedro sentiu o peso da cruz a pressionar a sua alma. Não se tratava de um fardo de tristeza, mas de uma compreensão profunda do seu significado. A cruz era o fulcro da história, o lugar onde o pecado foi derrotado e a graça foi revelada.

Pedro reuniu os fiéis e falou sobre o que tinha visto, com a voz a tremer de tristeza e alegria.

"A cruz é o coração da nossa fé", declarou Pedro. "É onde o amor e a justiça de Deus se encontram. Por meio dela, somos reconciliados com o Pai e chamados a viver na Sua graça."

As palavras de Pedro comoveram os corações dos seus ouvintes. Alguns choraram abertamente, comovidos pela magnitude do sacrifício. Outros ajoelharam-se em silêncio, elevando o espírito com a esperança que a cruz lhes oferecia.

Através do seu testemunho, Pedro realçou a importância central da cruz no plano divino. A cruz não era apenas um símbolo de sofrimento, mas a expressão máxima do amor, um convite à entrega e à confiança naquele que deu tudo pela humanidade.

Enquanto Pedro continuava a proclamar a visão, orou para que todos os que ouvissem se aproximassem da cruz, deixando os seus fardos e recebendo a vida que fluía do sacrifício do Messias.

Capítulo 15
A Árvore da Vida

A visão abriu-se com uma luz radiante que atravessou as brumas da eternidade, atraindo Pedro para o coração de um jardim mais bonito do que qualquer lugar que ele já tivesse visto. Não se tratava de um jardim comum; era o Éden renascido, um reino onde a plenitude da vida e a comunhão divina floresciam. No centro, encontrava-se a Árvore da Vida, com o seu imenso tronco e galhos que se estendiam para fora como se fossem abraçar toda a criação.

"Este é o símbolo da vida eterna", disse a voz, num tom cheio de reverência e promessa. "Nele está a essência da minha aliança com a humanidade."

O olhar de Pedro foi atraído para o fruto da árvore, que brilhava com uma luz que parecia viva, pulsando suavemente como se contivesse o batimento cardíaco do próprio Criador. As folhas brilhavam como esmeraldas, com as bordas a brilhar como se tocadas pelo orvalho do rio que fluía na base da árvore.

Neste lugar, o ar exalava uma pureza que Pedro nunca antes tinha experimentado. Não se tratava apenas da ausência de corrupção, mas da presença de perfeita harmonia. Todos os sons, todos os cheiros, todos os movimentos pareciam fundir-se numa sinfonia de vida que se centrava na Árvore da Vida.

A visão mudou e Pedro foi transportado de volta ao início, ao primeiro jardim onde a Árvore da Vida se encontrava originalmente. Viu Adão e Eva a caminhar livremente, com os rostos radiantes de inocência e alegria. Eles moviam-se em comunhão ininterrupta com o Criador, a árvore constituindo um testemunho da vida eterna que eles deveriam desfrutar.

No entanto, Pedro avistou a sombra da outra árvore: a Árvore do Conhecimento do Bem e do Mal. Ele testemunhou a serpente, astuta e enganosa, a tecer as suas mentiras nos corações da humanidade. A escolha da desobediência foi feita e Pedro sentiu a quebra da harmonia que antes enchia o jardim.

Uma voz falou, carregada de tristeza. "O caminho para a Árvore da Vida estava bloqueado, pois a humanidade havia escolhido a morte em vez da vida. No entanto, mesmo em queda, plantei a semente da redenção."

Foi mostrada a Pedro a espada flamejante e os querubins que guardavam o caminho para a árvore. Era uma barreira de julgamento e misericórdia — uma proteção que impedia a humanidade de alcançar a vida eterna no seu estado corrompido.

A visão saltou para a frente através das eras, mostrando a Pedro como o anseio pela Árvore da Vida persistiu no coração da humanidade. Ele viu a sua sombra nas histórias de muitas culturas, a sua promessa sussurrada nas profecias das Escrituras.

"A vida eterna não é esquecida", disse a voz. "O que foi perdido no Éden será restaurado no meu reino."

A visão mudou mais uma vez e Pedro foi transportado para a Nova Jerusalém. A Árvore da Vida estava novamente no centro, com as suas raízes nutridas pelo Rio da Vida que fluía do trono de Deus e do Cordeiro. O seu fruto, abundante e diverso, estava disponível para todos os habitantes da cidade.

Pedro viu multidões reunidas à volta da árvore, com rostos radiantes de paz e alegria. As nações da Terra foram curadas e as folhas da árvore transformaram-se num bálsamo para cada ferida, numa cura para cada tristeza.

"Já não há maldição", disse a voz. "Pois o meu Filho a carregou, e o caminho para a Árvore da Vida está aberto a todos os que nele creem."

Foi-lhe mostrado que a Árvore da Vida representava mais do que apenas a imortalidade física. Era um símbolo de comunhão eterna com o Criador, restaurando a relação quebrada no Éden. Por meio do sacrifício do Messias, as barreiras foram removidas e o convite para participar na árvore foi estendido a todos.

"Esta é a minha promessa", declarou a voz. "Ao vencedor, darei o direito de comer da Árvore da Vida, que está no paraíso de Deus."

À medida que a visão se desvanecia, Pedro regressou ao reino terreno, o seu coração a arder com a esperança do que tinha visto. A Árvore da Vida não era apenas uma promessa distante, mas uma realidade presente, acessível através da fé no Messias.

Ele reuniu os fiéis e falou da visão, com a voz a tremer de emoção e alegria.

"A Árvore da Vida é mais do que um símbolo", proclamou Pedro. "É a garantia da comunhão eterna com Deus. Em Cristo, o caminho está aberto e a promessa é cumprida. Vivamos como aqueles que estão destinados a participar do seu fruto."

As palavras de Pedro despertaram um profundo anseio nos seus ouvintes. Alguns choraram ao perceberem o que tinham perdido no Éden, mas alegraram-se com a esperança de restauração. Outros ajoelharam-se em oração, comprometendo-se com o caminho da fé que os levou à árvore.

Através do seu testemunho, Pedro destacou a importância central da Árvore da Vida no plano divino. Não se tratava apenas de um lembrete da queda da humanidade, mas de um farol de esperança que apontava para a redenção e restauração prometidas pelo Criador.

Enquanto Pedro continuava a proclamar a visão, orou para que todos os que ouvissem aceitassem o convite para a vida eterna, encontrando na Árvore da Vida a realização de todos os desejos e a promessa de um amor que nunca acaba.

Capítulo 16
O Rio da Vida

A visão desdobrou-se num brilho que parecia fluir como luz líquida, cascateando pelos sentidos de Pedro e atraindo-o para o coração da Nova Jerusalém. No trono de Deus e do Cordeiro, ele viu um rio diferente de todos os outros que já conhecera. Brilhava com uma pureza cristalina, as suas águas vivas com um esplendor que desafiava qualquer comparação terrena.

"Este é o Rio da Vida", disse uma voz, gentil, mas ressoante. "Ele flui do meu trono, carregando a essência do meu Espírito para todos os que habitam na minha presença."

Pedro encontrava-se à beira do rio, impressionado com a sua beleza. As águas moviam-se com uma serenidade poderosa, a sua superfície refletindo a luz da eternidade. No entanto, este não era um rio comum. Era a fonte de renovação, cura e vitalidade sem fim. A corrente sussurrava sobre a restauração da criação, de cada lágrima enxugada e de cada tristeza transformada em alegria.

As margens do rio eram adornadas com a Árvore da Vida, cujas raízes eram nutridas pelas águas vivas. A árvore dava frutos em todas as estações, testemunhando a provisão incessante do Criador. As folhas da árvore brilhavam como esmeraldas e o seu toque prometia cura para as nações.

A visão mudou e Pedro foi transportado para o início da criação. Viu os rios que fluíam do Éden, dividindo-se em córregos que nutriam a terra. Esses rios transportavam a bênção original da vida, espalhando abundância e fertilidade por todo o jardim.

No entanto, à medida que a visão se desenrolava, Pedro testemunhou as consequências devastadoras da queda da humanidade. Os rios escureceram e a sua pureza foi contaminada pelo pecado. O que deveria trazer vida tornou-se testemunha da morte e da corrupção.

A voz falou, carregada de julgamento e esperança. "As águas estavam contaminadas, mas fluirão puras mais uma vez. A minha aliança é eterna e restaurarei o que foi perdido."

Pedro foi então levado pelas Escrituras, vendo ecos da promessa do Rio da Vida nas palavras dos profetas. A visão de Ezequiel de um templo do qual fluíam águas, trazendo vida ao deserto e cura ao Mar Morto, tornou-se realidade diante dos olhos de Pedro. À medida que o rio fluía, a sua profundidade aumentava.

"Onde quer que o rio vá, haverá vida", declarou a voz. Os lugares áridos serão renovados e as terras desoladas florescerão."

Pedro ficou maravilhado com a esperança contida nessas imagens — uma promessa de que o Espírito do Criador um dia fluiria livremente, restaurando tudo o que havia sido quebrado.

A visão mudou novamente e Pedro ficou ao lado do Messias enquanto Ele falava à multidão. As palavras ressoaram com poder e simplicidade: "Quem tiver sede, venha a mim e beba. Quem crê em mim, como está escrito, 'fluirão do seu interior rios de água viva'".

Pedro compreendeu então que o Rio da Vida não era apenas uma promessa futura, mas uma realidade presente, acessível através do Messias. A água viva, um símbolo do Espírito, foi derramada para saciar a mais profunda sede da alma da humanidade.

Ele viu a mulher no poço, o seu rosto marcado pelo cansaço e pela vergonha, transformado quando o Messias lhe ofereceu a água viva. "Todo aquele que beber desta água terá sede outra vez", disse Ele, "mas quem beber da água que eu lhe der nunca mais terá sede".

O coração de Pedro inchou quando a visão o trouxe de volta à Nova Jerusalém, onde o Rio da Vida fluía livremente, enchendo a cidade de alegria. Não havia barreiras nem limites; todos os que tinham superado os seus obstáculos eram bem-vindos para participar.

"Esta é a minha promessa ao meu povo", disse a voz. "Não haverá mais sede, pois o rio flui eternamente. Nele está a vida, e essa vida é a luz de todos os que habitam comigo."

Pedro viu pessoas de todas as nações, tribos e línguas reunidas ao longo das margens do rio. Ajoelharam-se para beber, com rostos iluminados de alegria e paz. As águas fizeram mais do que saciar a sede: curaram feridas, lavaram tristezas e restauraram a força dos cansados.

A visão perdurou, revelando a natureza inesgotável do rio. Ao contrário dos riachos terrestres, que fluem e refluem, o Rio da Vida era eterno, com o próprio Criador como sua fonte. Ele carregava consigo a plenitude do amor divino, a graça e a renovação.

Pedro sentiu o fluxo do rio dentro do seu próprio espírito, um antegozo da promessa que um dia se cumpriria a todos os que acreditassem. Era um lembrete de que a provisão do Criador não era limitada pelo tempo ou pelas circunstâncias, mas era sempre suficiente.

Quando Pedro regressou da visão, a sua alma estava revigorada e renovada. Ele falou aos fiéis, as suas palavras fluindo como o rio que tinha visto.

"O Rio da Vida não é apenas uma promessa para o futuro", declarou Pedro. "Ele flui agora através do Espírito de Deus, trazendo renovação e esperança a todos os que têm sede. Venham e bebam profundamente, pois a água é dada gratuitamente."

O testemunho de Pedro despertou um profundo anseio nos seus ouvintes. Alguns choraram ao perceber o vazio das suas vidas longe da água viva. Outros alegraram-se, com os seus espíritos renovados pela certeza do fluxo eterno do rio.

Pedro realçou, nas suas palavras, a centralidade do Rio da Vida no plano divino. Era um símbolo de restauração, um convite à intimidade com o Criador e um antegozo da alegria eterna que aguardava aqueles que nele acreditassem.

Enquanto Pedro continuava a proclamar a visão, orou para que todos os que ouvissem fossem até ao rio e encontrassem nas suas águas a vida, a cura e a alegria que fluíam do coração do próprio Criador.

Capítulo 17
Os Portões do Paraíso

A visão abriu-se com uma visão inspiradora: uma cidade a descer dos céus, cujo brilho eclipsava até mesmo o sol. Esta era a Nova Jerusalém, a morada eterna dos justos, cujas fundações eram adornadas com todas as pedras preciosas e cujas ruas brilhavam como ouro refinado em vidro. No coração desta cidade celestial ficavam os Portões do Paraíso, doze em número, cada um feito de uma única pérola, cuja grandeza ultrapassava a compreensão mortal.

"Estes são os portões", declarou a voz, com uma ressonância majestosa e acolhedora. "Através deles, o meu povo entra em comunhão eterna comigo."

Pedro aproximou-se dos portões, o seu espírito a tremer de reverência e alegria. Cada portão tinha o nome de uma das doze tribos de Israel, como testemunho do cumprimento da aliança feita com Abraão. De pé diante dos portões, Pedro sentiu uma sensação de completude — como se toda a história tivesse levado a este momento, em que a criação se reconciliou com o seu Criador.

Os portões estavam abertos, as suas superfícies luminosas refletindo a glória da cidade lá dentro. No entanto, Pedro notou algo de incomum: não havia guardas, fechaduras ou barreiras. Os portões estavam perpetuamente abertos, como que a convidar eternamente.

"Aqui", explicou a voz, "não há noite, nem medo, nem inimigo contra quem fechar os portões. Apenas os justos podem entrar, pois os seus nomes estão escritos no Livro da Vida do Cordeiro."

A visão mudou e Pedro foi transportado para a época do tabernáculo e do templo terrestres. Ele viu os portões do santuário, símbolos da presença de Deus junto do Seu povo, mas marcados pela separação. Apenas os sacerdotes podiam passar pelos portões externos e apenas o sumo sacerdote podia entrar no lugar mais interno.

Pedro lembrou-se dos querubins que guardavam os portões do Éden, impedindo a humanidade de se aproximar da Árvore da Vida. Aqueles portões, antes um símbolo de exclusão, tinham sido transformados num convite eterno.

"Os portões do Paraíso estão abertos por causa do sacrifício do meu Filho", disse a voz. Por meio dele, o que foi perdido no Éden é restaurado."

O espírito de Pedro foi atraído para junto dos portões e viu as multidões a entrar. Eram os redimidos, vestidos com vestes de luz, cujos rostos irradiavam alegria. Homens e mulheres de todas as nações, tribos e línguas passaram, elevando as suas vozes em cânticos de louvor.

"Ninguém entra por mérito próprio", disse a voz. "Foi o Cordeiro que pagou o preço e, através do Seu sangue, eles são feitos dignos."

Pedro ficou maravilhado com a unidade daqueles que entravam na cidade. Não havia divisão nem conflito — apenas um reconhecimento partilhado da graça que os trouxera até aquele lugar.

A visão alargou-se, revelando os caminhos que conduziam aos portões. Pedro viu as provações e os triunfos daqueles que se dirigiam para eles. Alguns caminharam por desertos de desespero, outros escalaram montanhas de sacrifício e outros ainda atravessaram vales de lágrimas. No entanto, todos foram sustentados pela esperança de chegar à cidade.

Em cada portão, Pedro viu anjos, não como guardas, mas como recepcionistas. A sua presença era um lembrete da alegria celestial que acompanhava a chegada de cada alma. Quando um viajante cansado se aproximou, um anjo disse: "Entre na alegria do seu Senhor, pois a sua fé o trouxe de volta."

A voz revelou então uma verdade séria. "Nem todos entrarão por estes portões. Muitos afastaram-se, rejeitando o convite do meu Filho. Eles escolheram a estrada larga que leva à destruição, embora o meu chamamento tenha sido para o caminho estreito que leva à vida."

Pedro viu aqueles que estavam do lado de fora da cidade, rostos marcados por arrependimento e desejo. Os portões, embora abertos, eram inacessíveis a eles, pois tinham recusado a graça que tornava a entrada possível.

Pedro não conseguiu conter as lágrimas enquanto testemunhava a separação. No entanto, mesmo aqui, a voz ofereceu esperança. "Os portões permanecem abertos, assim como a minha misericórdia. Até ao fim, todos os que se arrependerem ainda poderão entrar."

A visão voltou ao brilho da cidade, onde Pedro viu cumpridas todas as promessas. Dentro dos portões, não havia dor, nem morte, nem tristeza. Os habitantes da cidade caminhavam na luz do Cordeiro, na sua alegria completa.

Os próprios portões pareciam irradiar o amor do Criador, permanecendo como lembretes eternos da Sua fidelidade e do Seu desejo de habitar com o Seu povo.

"Estes portões", disse a voz, "são o cumprimento da minha aliança. Por meio deles, os meus filhos regressam a casa, e a minha morada está com eles para sempre."

Quando Pedro regressou da visão, o seu coração transbordou de alegria e urgência. Os portões do Paraíso eram mais do que um símbolo: eram o destino final para todos os que acreditavam, o ápice da jornada da fé.

Pedro reuniu os fiéis e partilhou a visão, com a sua voz cheia de esperança e convicção.

"Os portões do Paraíso estão abertos", proclamou Pedro. "Por meio de Cristo, somos convidados a entrar e habitar na presença de Deus para sempre. Não demoremos, mas sigamos o caminho que leva à vida, pois o convite é para todos os que o receberem."

O testemunho de Pedro comoveu profundamente os seus ouvintes. Alguns decidiram renovar a sua fé, comprometendo-se com o caminho que os levaria aos portões. Outros, sobrecarregados pelo peso dos seus pecados, encontraram esperança na certeza de que os portões permaneciam abertos para os que se arrependem.

Pedro realçou, nas suas palavras, a importância dos portões para o plano divino. Não eram apenas uma porta de entrada, mas uma promessa de comunhão eterna com o Criador.

Enquanto Pedro continuava a proclamar esta visão, orou para que todos os que o ouvissem fixassem os olhos nos Portões do Paraíso, percorrendo o caminho estreito que levava à Cidade da Luz e ao abraço eterno do seu Criador.

Capítulo 18
O Fogo Eterno

A visão envolveu Pedro num reino de intensa profundidade, onde a luz e o calor irradiavam de uma fonte inesgotável. Diante dele rugia o Fogo Eterno, uma presença simultaneamente magnífica e aterrorizante. Não se tratava de uma chama comum, pois queimava com propósito e julgamento, iluminando a natureza divina da justiça e da purificação.

"Este é o Fogo Eterno", disse uma voz com um tom ao mesmo tempo triste e determinado. "É o fogo da minha santidade, o instrumento do meu julgamento e o meio de refinar toda a criação."

Pedro ficou à beira do fogo, sentindo o seu calor abrasador, mas sem ser tocado pelas suas chamas. O fogo estava vivo, com movimentos deliberados, consumindo tudo o que era impuro enquanto preservava o que era justo. Pedro percebeu que este não era um fogo de destruição aleatória, mas sim um fogo com uma intenção perfeita — um reflexo da justiça do Criador.

Ele viu nas chamas o resíduo do pecado e da rebelião, reduzido a cinzas e varrido para longe. No entanto, também viu o fogo a purificar o que era bom, queimando a escória para revelar a beleza e a pureza da obra do Criador.

"Este fogo não é apenas para destruição, mas também para renovação. Por meio dele, eu restauro o que o pecado manchou e refino o que criei."

A visão mudou e Pedro foi transportado para momentos nas Escrituras em que o fogo simbolizava a presença do Todo-Poderoso. Ele estava com Moisés diante da sarça ardente, uma chama que queimava sem consumir, simbolizando a santidade de Deus.

Ele testemunhou o fogo que desceu sobre o Monte Sinai, onde o povo tremeu perante a manifestação da majestade divina. Viu a coluna de fogo que guiou os israelitas pelo deserto, um sinal da orientação e proteção do Criador.

"O fogo é a minha presença", disse a voz. "É tanto uma luz para guiar como uma força para purificar."

O espírito de Pedro foi atraído para outra cena: as línguas de fogo que desceram sobre os apóstolos no Pentecostes. Essas chamas não destruíram, mas fortaleceram, enchendo os discípulos com o Espírito Santo e inflamando a sua missão de espalhar o Evangelho.

"Este fogo traz vida", declarou a voz. "Ele purifica, renova e prepara o meu povo para o trabalho do meu reino."

Pedro compreendeu então que o Fogo Eterno não se limitava apenas ao julgamento, mas também era uma fonte de transformação. Era um fogo que consumia o pecado, mas que também preservava e fortalecia os fiéis.

A visão tornou-se mais sombria quando Pedro viu o fogo do julgamento, destinado àqueles que rejeitaram a graça do Criador. Ele viu os impenitentes lançados num lago de fogo, a sua rebelião finalmente encontrando a justiça que tinham negado por muito tempo.

Pedro recuou perante a visão, o coração a doer por aqueles que sofriam. No entanto, sentiu o peso da verdade: o fogo não foi um ato de crueldade, mas de retidão.

"O fogo revela as escolhas de cada alma", disse uma voz. "É um fogo purificador para os fiéis e um fogo devorador para os perversos. Ninguém pode escapar à sua verdade."

Pedro viu então um rio de fogo a fluir do trono de Deus, consumindo tudo o que era profano e deixando uma criação renovada no seu rasto. Os céus e a terra foram renovados, limpos do pecado e da morte, com a sua beleza restaurada à glória original.

"Esta é a obra final do fogo", declarou a voz. "Ele traz um novo céu e uma nova terra, onde habita a retidão, e o meu povo viverá em paz para sempre."

À medida que a visão se desvanecia, Pedro regressou ao mundo com uma compreensão profunda da natureza dual do Fogo Eterno. O fogo era tanto uma força de julgamento como uma promessa de renovação, uma manifestação da justiça e do amor do Criador.

Reuniu os fiéis e partilhou a visão com uma voz firme, mas cheia de urgência.

"Aqueles que andam em retidão não devem temer o Fogo Eterno", disse Pedro. "É o fogo da santidade de Deus, que nos purifica e renova. No entanto, é também um fogo de julgamento, que revela a verdade de cada coração. Vivamos como aqueles que buscam a luz, purificados pelo Seu amor."

As palavras de Pedro provocaram uma resposta profunda nos seus ouvintes. Alguns choraram, reconhecendo a necessidade de se afastarem do pecado e abraçarem o poder purificador do

Espírito de Deus. Outros encontraram conforto na promessa de renovação, conscientes de que o fogo revelaria a beleza da criação de Deus.

Através do seu testemunho, Pedro destacou o Fogo Eterno como um elemento central do plano divino. Não era uma ameaça, mas uma promessa — uma força que revelava a verdade, purificava os fiéis e renovava todas as coisas.

Enquanto Pedro continuava a proclamar esta visão, orou para que todos os que ouvissem se submetessem ao fogo refinador do Criador, encontrando nele o caminho para a santidade e a promessa de paz eterna.

Capítulo 19
A Escuridão Exterior

A visão atraiu Pedro para um reino diferente de qualquer outro que ele já tivesse conhecido. Era vasto e infinito, um vazio onde a luz não brilhava e onde até o ar parecia pesado de desespero. Esta era a Escuridão Exterior, um lugar de separação e tristeza, onde os que se haviam afastado do Criador habitavam separados da Sua presença.

"Este é o lugar reservado para aqueles que escolheram o caminho da rebelião", disse uma voz, ressoando com tristeza e justiça. "Aqui, estão separados da luz do meu rosto, pois rejeitaram a vida que lhes ofereci."

Pedro encontrava-se à beira desse abismo, o coração a bater desordenadamente enquanto contemplava a sua desolação. A escuridão não era apenas a ausência de luz, mas uma força tangível, opressiva e sufocante. No seu interior, Pedro ouvia ecos fracos: gritos de angústia, sussurros de arrependimento e o lamento triste de almas que escolheram afastar-se do amor do seu Criador.

"Esta é a consequência da escolha deles", continuou a voz. "Eu ofereci-lhes vida, mas eles voltaram-se para a morte. Chamei-os para a minha luz, mas abraçaram as sombras."

A visão mudou, mostrando a Pedro vislumbres daqueles que se encontravam na Escuridão Exterior. Vi os orgulhosos, que construíram as suas vidas com base nas suas próprias realizações e rejeitaram a humildade necessária para procurar o Criador. Viu os cruéis, cujos corações endureceram contra os gritos dos necessitados e oprimidos. Viu os indiferentes, aqueles que fecharam os olhos à verdade e ao amor, consumidos pelos seus próprios desejos.

Cada alma estava sobrecarregada pelo peso das suas escolhas, a sua separação do Criador uma fonte de tormento sem fim. No entanto, Pedro percebeu que o seu sofrimento não era infligido por outrem, mas sim autocontido, o resultado natural da rejeição da única fonte de vida e luz.

"O tormento deles não é obra minha", explicou a voz. "É a consequência de uma vida longe de Mim. A escuridão reflete o vazio dentro dos seus corações, um vazio que só a minha presença poderia ter preenchido."

Pedro viu os portões que davam para a Escuridão Exterior. Estes portões, ao contrário dos portões do Paraíso, estavam fechados — não por decreto divino, mas pela escolha daqueles que lá estavam. Ele viu os contornos tênues de figuras a aproximar-se dos portões, desejosas de escapar, mas incapazes de abandonar o orgulho, a raiva ou o desespero que as mantinham cativas.

"Eles estão presos pelas suas próprias correntes", disse a voz. "Pois o arrependimento exige rendição, e eles não suportam ceder."

Pedro sentiu o coração a doer quando percebeu que a Escuridão Exterior não era uma prisão imposta pelo Criador, mas a expressão máxima da liberdade humana — a liberdade de rejeitar a luz e escolher as sombras.

A visão voltou-se para aqueles que escaparam da escuridão, com os rostos cheios de uma paz recentemente descoberta. Pedro compreendeu que o arrependimento, mesmo nas profundezas do desespero, poderia quebrar as correntes que os prendiam. Essas almas, embora marcadas pela sua jornada, foram acolhidas na luz, com os seus fardos aliviados pela graça do Criador.

"A minha misericórdia chega até aqui", disse a voz, cheia de compaixão. "Para aqueles que se voltam para mim, os portões abrir-se-ão e a luz receber-los-á em casa."

Pedro compreendeu então a ligação entre a Escuridão Exterior e as escolhas feitas ao longo da vida. Foram-lhe mostradas cenas de pessoas que ignoraram o chamado do Espírito, cujos corações se foram tornando mais frios com cada rejeição. Ele compreendeu como pequenas decisões — atos de egoísmo, crueldade ou indiferença — se acumulavam numa vida afastada do Criador.

No entanto, também viu momentos em que o Espírito interveio, oferecendo oportunidades de arrependimento e renovação. Alguns responderam, transformando as suas vidas pela graça. Outros afastaram-se, com os seus corações ainda mais endurecidos pela recusa.

"A escuridão não é inevitável", disse a voz. "Cada alma tem a oportunidade de escolher a luz. O meu apelo é incessante e a minha misericórdia perdura, mas a escolha continua a ser deles."

A visão regressou ao presente e Pedro ficou mais uma vez à beira da Escuridão Exterior. Ele sentiu o peso da revelação, compreendendo que aquele lugar não era apenas uma consequência, mas um aviso — um lembrete do custo de se afastar do amor do Criador.

Quando Pedro regressou da visão, reuniu os fiéis, com o coração pesado, mas cheio de determinação.

"A Escuridão Exterior é real", disse ele, com a voz a tremer de urgência. "É um lugar de separação, onde a ausência da luz de Deus se torna um tormento por si só. No entanto, não é o fim para aqueles que se voltam para Ele. A Sua misericórdia alcança até as sombras mais profundas."

O testemunho de Pedro tocou profundamente os seus ouvintes. Alguns choraram ao refletir sobre o estado dos seus próprios corações, reconhecendo a necessidade de se afastarem das trevas e abraçarem a luz. Outros encontraram esperança na certeza de que nenhuma alma estava além do alcance da graça do Criador.

Pedro realçou a importância de viver na luz, fazendo escolhas que refletissem o amor e a verdade do Criador. A Escuridão Exterior não era uma punição a temer, mas um aviso a ouvir, um apelo para vivermos na luz antes que seja tarde demais.

Enquanto Pedro continuava a proclamar esta visão, orou para que todos os que ouvissem rejeitassem as sombras, abraçando a luz do Criador e a alegria eterna da Sua presença.

Capítulo 20
Os Demônios

A visão levou Pedro a um reino de sombras, onde até o próprio ar parecia vivo com malícia. Ele viu-se no limiar de um grande abismo, cujas profundezas estavam repletas de um movimento inquieto. Na escuridão, figuras disparavam, com formas distorcidas e grotescas, irradiando uma aura de ódio implacável. Eram demónios — servos caídos do Adversário, os antigos inimigos da humanidade.

"Estes são os rebeldes, expulsos da minha presença", disse a voz, cheia de tristeza e autoridade inflexível. Eles procuram destruir, enganar e escravizar, pois os seus corações estão presos à escuridão que escolheram."

O olhar de Pedro foi atraído para as formas dos demónios. Antes criaturas radiantes criadas para servir o Todo-Poderoso, agora carregavam as cicatrizes da sua rebelião. A beleza que outrora lhes era característica estava manchada pelo seu desafio, as suas asas tinham perdido a glória e a luz que outrora os iluminava tinha sido extinta por terem escolhido seguir Lúcifer.

Pedro observou a sua atividade incessante, um frenesi movido pelo ódio ao Criador e pela inveja da humanidade. Moviam-se pelas sombras, a tecer mentiras e a semear discórdia entre os filhos dos homens.

"Eles não podem criar, apenas corromper. Não podem amar, apenas destruir. No entanto, o seu poder não é absoluto, pois eu sou o Senhor soberano, e o seu tempo é limitado."

A visão mudou, revelando a Pedro a origem desses seres. Ele foi levado de volta à rebelião no céu, onde Lúcifer, o mais radiante dos anjos, liderou um terço da hoste celestial num desafio ao Criador. Pedro assistiu à batalha que se seguiu, na qual Miguel e os anjos fiéis permaneceram firmes, expulsando os rebeldes do céu.

Os anjos caídos foram condenados ao abismo, onde sofreriam a derrota completa. No entanto, o seu ódio perdurou e a sua ira voltou-se para a humanidade, os portadores da imagem do Criador.

"Eles procuram arruinar a minha criação", explicou a voz. "Por meio de mentiras, desviam os corações dos homens e, por meio do medo, escravizam-nos. No entanto, não conseguem superar a luz, pois a minha verdade permanece eterna."

Foi então mostrado a Pedro como os demónios operavam no mundo. Ele observou a influência sutil nos sussurros de tentação, a astúcia na criação de ídolos que afastavam a humanidade do Criador. Ele viu como distorciam os desejos do coração humano, ampliando o orgulho, a ganância e a luxúria até consumirem a alma.

Mas Pedro também testemunhou o poder da fé. Ele testemunhou momentos em que o nome do Messias foi invocado e os demônios recuaram, incapazes de resistir à autoridade daquele que os havia derrotado na cruz.

"Eles tremem ao ouvir o nome do meu Filho", disse a voz. "Pois Ele triunfou sobre eles, anulando o seu poder e declarando a sua derrota final."

A visão tornou-se mais sombria quando Pedro observou os tormentos infligidos pelos demónios àqueles que se entregaram à escuridão. Ele viu almas presas em correntes da sua própria criação, atormentadas pelos mesmos desejos que outrora abraçaram. No entanto, mesmo aqui, Pedro vislumbrou um lampejo de esperança.

A voz falou novamente. "A minha misericórdia estende-se até aos atormentados. Embora os demônios procurem segurá-los, eles não conseguem resistir ao arrependimento e ao poder do meu Espírito."

Pedro testemunhou momentos de libertação, em que as correntes da escuridão foram quebradas e as almas libertadas pela luz do Criador. Os demônios fugiram, o seu domínio foi despedaçado pela fé e orações dos justos.

O espírito de Pedro foi atraído de volta ao presente e viu a batalha que continuava à sua volta. Não se tratava de uma batalha de carne e sangue, mas de principados e poderes, uma guerra espiritual travada nos corações da humanidade.

A voz oferecia tanto advertência como segurança. "Seja vigilante, pois o inimigo anda como um leão que ruge, procurando quem devorar. Mas não tema, pois estou consigo. Vista a armadura da fé e permaneça firme na luz."

A visão terminou com um vislumbre do destino final dos demónios. Pedro viu-os lançados no lago de fogo, a sua rebelião finalmente finda. Com o seu poder extinto, as suas mentiras silenciadas e o seu tormento eterno, eles não perturbariam mais o povo de Deus.

"A derrota deles está garantida", declarou a voz. "Pois o meu Filho triunfou e o dia da destruição deles está próximo."

Quando Pedro regressou da visão, o seu coração estava cheio de uma mistura de tristeza e determinação. A realidade da presença dos demónios e a sua busca incansável pela humanidade era uma verdade séria. No entanto, o poder do Messias e a promessa da sua derrota final davam-lhe força.

Reuniu os fiéis e falou da visão, com uma voz grave e resoluta.

"Os demônios procuram desviar-nos", alertou Pedro. "Eles são astutos e implacáveis, mas não são invencíveis. Em Cristo, temos a vitória. Resistamos às suas mentiras, permaneçamos firmes na verdade e apeguemo-nos à luz."

As palavras de Pedro incitaram os seus ouvintes à vigilância. Alguns confessaram as suas lutas, buscando libertação das correntes da tentação. Outros oraram fervorosamente, pedindo força para resistir aos esquemas do inimigo.

Através do seu testemunho, Pedro destacou a importância da consciência espiritual e do poder da fé. Os demónios eram reais, mas a vitória do Messias também o era.

Enquanto Pedro continuava a proclamar a visão, orou para que todos os que ouvissem permanecessem firmes na luz, protegidos pela armadura da fé e guiados pela verdade do Criador.

Capítulo 21
O Anticristo

A visão começou com uma quietude arrepiante, atraindo Pedro para um reino onde as sombras pairavam grandes e o próprio ar parecia pesado de erro. No centro desta visão encontrava-se uma figura de grande poder e carisma, que comandava a atenção e a adoração de multidões incontáveis. Era o Anticristo, o grande enganador predito para se opor a Cristo e levar muitos ao erro.

"Ele vem em nome do meu Filho, mas ergue-se contra Ele", disse a voz, com um tom cheio de tristeza e uma autoridade inflexível. "Ele é o ápice de toda a rebelião, a personificação do engano e o adversário da verdade."

Pedro ficou fascinado pelo Anticristo, cuja aparência era cativante e inquietante. A figura exalava um charme magnético, com palavras repletas de eloquência persuasiva. Nações uniram-se a ele, os seus líderes jurando-lhe lealdade e os seus povos oferecendo-lhe adoração. Ele prometeu paz e prosperidade, mas por trás da sua aparência benevolente estavam as sementes do caos e da destruição.

Pedro observou enquanto o Anticristo realizava sinais e maravilhas, hipnotizando as massas com o seu poder. Os cegos viam, os coxos andavam e os desesperados encontravam falsas esperanças no seu toque. No entanto, esses milagres, longe de serem atos de graça, eram enganos projetados para imitar as obras de Cristo e afastar os corações do Criador.

"O poder do Anticristo não é seu", explicou a voz. "É dado a ele pelo Adversário, cujas mentiras alimentam a sua ascensão. No entanto, o seu reinado é passageiro, pois a verdade não pode ser superada pela falsidade."

A visão mudou e Pedro viu o Anticristo sentado num trono de esplendor terrestre. O seu governo estendeu-se por todo o globo, unindo nações sob a sua bandeira. No entanto, essa unidade não nasceu da retidão, mas da coerção e do medo. Aqueles que se recusaram a curvar-se foram perseguidos, a sua lealdade ao verdadeiro Rei tornando-os inimigos do Estado.

Pedro ficou com o coração partido ao testemunhar o sofrimento dos fiéis. Eles foram ridicularizados, presos e executados, e os seus gritos de dor misturaram-se com as orações de uma fé inabalável. No entanto, mesmo no meio do seu sofrimento, o seu testemunho brilhou intensamente, como um farol de esperança num mundo ofuscado pela escuridão.

"Eles venceram pelo sangue do Cordeiro e pela palavra do seu testemunho", disse a voz. "Embora o Anticristo exerça um grande poder, não consegue extinguir a luz daqueles que me pertencem."

Foi mostrada a Pedro a sutileza do engano do Anticristo. Ele não apareceu com hostilidade aberta, mas disfarçou-se de retidão. Falou de unidade e justiça, oferecendo soluções para os problemas mais profundos da humanidade. No entanto, as suas promessas eram vazias e as suas ações motivadas por um desejo de suplantar o Criador e exaltar-se como Deus.

Pedro viu o Anticristo profanar lugares santos, colocando-se como objeto de adoração. Aqueles que o seguiram carregavam a sua marca, um símbolo de lealdade que significava a sua rejeição do verdadeiro Rei.

"Esta é a abominação da desolação", disse a voz. "É o ápice da rebelião, um desafio à minha santidade e à minha soberania. No entanto, não resistirá."

A visão mudou para a batalha espiritual que decorria nos bastidores. Pedro viu anjos e demónios a combater ferozmente, os céus a tremer com a intensidade da luta. O Anticristo não estava a agir sozinho, mas era um peão numa guerra maior, uma batalha entre a luz e a escuridão que havia começado muito antes da queda da humanidade.

"O Anticristo é apenas uma sombra", disse a voz, "uma manifestação fugaz de rebelião. A vitória do Meu Filho é eterna e o fim deste engano está garantido."

O olhar de Pedro foi atraído para o ápice do reinado do Anticristo. Ele viu a figura de pé, desafiadora, a reunir os seus seguidores para um confronto final com o Cordeiro. A própria terra parecia prender a respiração enquanto os exércitos das trevas se reuniam, aparentemente intransponíveis.

No entanto, com uma palavra, o Cordeiro apareceu. A sua glória eclipsou a escuridão e a sua autoridade era absoluta. O Anticristo e os seus seguidores foram derrubados, a sua rebelião terminou num instante. Os céus alegraram-se e os fiéis ergueram as vozes em triunfo, proclamando o reino eterno do verdadeiro Rei.

Quando Pedro regressou da visão, o seu espírito ardia com urgência e esperança. O Anticristo era uma figura de grande poder e engano, mas o seu reinado estava destinado a terminar diante da glória do Messias.

Pedro reuniu os fiéis e descreveu a visão com convicção.

"O Anticristo virá", declarou. "Ele enganará muitos, oferecendo promessas que conduzirão à destruição. Mas não temam, pois o seu poder é passageiro e o seu fim é certo. Permaneçam firmes na verdade, pois o Cordeiro venceu e a sua vitória é eterna."

As palavras de Pedro inspiraram vigilância e coragem nos seus ouvintes. Alguns comprometeram-se novamente com a verdade, decididos a resistir às mentiras do inimigo. Outros encontraram esperança na certeza de que a vitória do Messias já estava assegurada.

Através do seu testemunho, Pedro enfatizou a necessidade de discernimento e fidelidade. O reinado do Anticristo foi um tempo de provação, mas também uma oportunidade para os fiéis brilharem como luzes na escuridão.

Enquanto Pedro continuava a proclamar a visão, orou para que todos os que ouvissem permanecessem firmes na fé, resistindo ao engano do Anticristo e confiando na esperança eterna do verdadeiro Rei.

Capítulo 22
A Besta do Apocalipse

A visão intensificou-se de repente, transportando Pedro para um vasto e turbulento mar. Das suas profundezas emergiu uma figura monstruosa, de forma grotesca e aterrorizante, coroada com nomes blasfemos. Esta era a Besta do Apocalipse, um símbolo do poder maligno e uma força de caos libertada sobre o mundo.

"Esta é a Besta", disse uma voz, ressoando com tristeza e uma raiva justificada. "É a manifestação da rebelião, fortalecida pelo Adversário para perseguir o meu povo e enganar as nações."

Pedro ficou pasmado ao ver a Besta na sua forma completa. Ela tinha dez chifres e sete cabeças, cada chifre coroado com um diadema, uma zombaria da autoridade divina. O seu corpo era uma amálgama grotesca de animais, simbolizando a sua ferocidade e astúcia. A Besta movia-se com uma majestade aterrorizante, a sua presença escurecendo o mundo à sua volta.

O mar de onde emergiu agitava-se com turbulência, simbolizando o caos e a inquietação das nações. Pedro compreendeu que a Besta não era apenas um indivíduo, mas um sistema de poder e opressão — uma aliança de forças corruptas que se opunham ao Criador e ambicionavam dominar a humanidade.

"A Besta surge onde a rebelião floresce", explicou a voz. "Ela tira a sua força do Adversário, mas o seu poder é permitido apenas por um tempo."

A visão mudou, mostrando a ascensão da Besta ao poder. Pedro observou-a a ganhar a lealdade de reis e nações, a sua autoridade aceite sem questionamento. Ela falava com arrogância, blasfemando o Criador e exigindo adoração. Aqueles que se recusaram foram expulsos, condenados a uma vida de sofrimento e perseguição.

Pedro ficou com o coração partido ao testemunhar o sofrimento dos fiéis. No entanto, apesar das provações, ele testemunhou a sua determinação inabalável. Embora rejeitados pelo mundo, mantiveram-se firmes no nome do Cordeiro, leais ao verdadeiro Rei.

"Eles venceram pela fé", disse a voz, "pois a Besta não pode tocar as suas almas. Os seus nomes estão escritos no Livro da Vida e eles reinarão comigo para sempre."

A visão alargou-se, revelando o significado espiritual das ações da Besta. Era uma ferramenta do Adversário, concebida para falsificar o reino de Deus e desviar a humanidade. Pedro compreendeu como ela enganava, oferecendo falsas esperanças e promessas de prosperidade.

"A Besta tenta imitar o meu Filho", explicou a voz. "As suas palavras parecem sábias, as suas ações parecem justas, mas o seu coração está cheio de mentiras. É o grande enganador, levando muitos à ruína."

Foi-lhe mostrado como a Besta trabalhava em conjunto com uma segunda figura, o Falso Profeta, que realizava sinais e maravilhas para validar a autoridade da Besta. Juntos, criaram uma trindade falsificada, uma perversão da verdade divina projetada para escravizar a humanidade.

A visão tornou-se mais sombria quando Pedro viu a marca da Besta — um símbolo de lealdade impresso nas testas ou mãos dos seus seguidores. Aqueles que portavam a marca tinham permissão para comprar e vender, e as suas vidas pareciam estar seguras sob o domínio da Besta.

No entanto, Pedro compreendeu o verdadeiro custo da marca. Não se tratava apenas de um sinal físico, mas de um compromisso espiritual, uma rejeição do Criador e uma aceitação das mentiras da Besta. A marca proporcionava algum conforto temporário, mas acarretava uma separação eterna da luz de Deus.

"Aqueles que recebem a marca", disse a voz, "escolhem o caminho da destruição. No entanto, mesmo aqui, a minha misericórdia está presente. Até ao fim, chamo-os ao arrependimento."

Pedro sentiu o espírito elevar-se quando a visão revelou a queda da Besta. Ele viu o Cordeiro descer em glória, a Sua presença a dominar a escuridão. A Besta e o Falso Profeta foram capturados e lançados no lago de fogo, pondo fim ao seu domínio num instante.

Os fiéis, outrora oprimidos, agora estavam vitoriosos, com as vestes lavadas em branco no sangue do Cordeiro. Eles ergueram as suas vozes em cânticos de triunfo, declarando o reino eterno do verdadeiro Rei.

"O poder da Besta é temporário", declarou uma voz. "O reino do meu Filho é eterno. Os fiéis herdarão a terra, e os ímpios já não existirão."

Quando Pedro regressou da visão, o seu coração ardia de urgência e esperança. A Besta do Apocalipse era um inimigo temível, mas a sua derrota estava assegurada pela vitória do Messias.

Reuniu os fiéis e falou sobre a visão, com uma voz firme e convicta.

"A Besta erguer-se-á", proclamou Pedro. "Ela enganará muitos e perseguirá os fiéis, mas não temam. O seu poder é limitado e o seu fim é certo. Segurem-se firmemente no Cordeiro, pois nele encontramos a nossa vitória."

As palavras de Pedro incitaram os seus ouvintes à vigilância e à fé. Alguns choraram ao decidir resistir às mentiras da Besta, comprometendo-se novamente com a verdade do Messias. Outros oraram por força, conscientes de que as provações que se avizinhavam testariam a sua determinação.

Através do seu testemunho, Pedro destacou a importância do discernimento e da coragem. O reinado da Besta foi um tempo de teste, mas também uma oportunidade para os fiéis brilharem como luzes na escuridão.

Enquanto Pedro continuava a proclamar a visão, orou para que todos os que ouvissem permanecessem firmes na fé, resistindo ao engano da Besta e apegando-se à esperança eterna encontrada no Cordeiro.

Capítulo 23
O Número da Besta

Pedro estava diante de uma multidão vasta e tumultuosa quando a visão começou, causando-lhe um arrepio. As pessoas moviam-se como se estivessem ligadas por uma única vontade, com um símbolo sinistro marcado nas testas e nas mãos. Acima delas, pairava a figura da Besta, com uma presença opressiva e abrangente.

"Esta é a marca da lealdade", declarou uma voz com um tom grave e inflexível. "É o símbolo daqueles que rejeitam a minha verdade e abraçam o domínio da Besta."

O olhar de Pedro foi atraído para a marca: um número simples e profundo — 666.

"Este é o Número da Besta", continuou a voz. "É a marca da rebelião da humanidade e o ápice do engano. Que aquele que tem sabedoria calcule o seu significado."

Foi mostrado a Pedro como a marca se espalhou pelo mundo, imposta pela Besta e pelo Falso Profeta. Aqueles que a aceitaram obtiveram acesso aos mercados, ao comércio e à prosperidade. Eles pareciam prosperar, com as suas vidas intocadas pelo sofrimento infligido àqueles que se recusaram. No entanto, Pedro viu a verdade mais profunda por trás da superfície.

A marca não era apenas uma ferramenta de controlo económico, mas também um sinal de submissão espiritual. Aqueles que a ostentavam tinham escolhido voluntariamente alinhar-se com a Besta, rejeitando a soberania do Criador. A marca simbolizava a sua fidelidade a um reino falso, construído sobre mentiras e destinado à destruição.

"A marca é mais do que um número", explicou a voz. "É uma declaração do coração — uma escolha de seguir o caminho da rebelião em vez do caminho da vida."

A visão mudou, mostrando a Pedro a situação difícil daqueles que recusaram a marca. Eles tinham sido expulsos da sociedade, incapazes de comprar ou vender, e as suas vidas estavam marcadas por dificuldades e perseguição. No entanto, os seus rostos brilhavam com uma luz que não podia ser extinta, a sua fé no Cordeiro a sustentá-los em todas as provações.

"Eles são meus fiéis", disse a voz, cheia de amor e orgulho. "Embora o mundo os rejeite, eles são meus e eu nunca os abandonarei."

Pedro testemunhou a força da convicção deles ao resistirem à pressão para se conformarem. Suportaram o ridículo, a prisão e até a morte, mas agarraram-se à promessa da vida eterna.

"A marca da Besta é temporária", disse a voz, "mas o meu selo é eterno. Aqueles que são marcados pelo meu Espírito reinarão comigo para sempre."

A compreensão de Pedro aprofundou-se quando lhe foi revelado o significado por trás do número 666. Era o número do homem, uma representação da tentativa da humanidade de se exaltar acima do Criador. A repetição do seis, aquém da perfeição divina simbolizada pelo sete, era um lembrete da imperfeição e rebelião da humanidade.

"Esta é a falsificação do meu reino", disse a voz. "A Besta tenta imitar a minha autoridade, mas nunca consegue alcançar a perfeição da minha vontade."

Pedro compreendeu como o número se transformou num grito de guerra para aqueles que ambicionavam poder e controlo separados do Criador. Era um símbolo de arrogância, uma declaração de independência em relação à ordem divina.

A visão voltou-se para o destino final daqueles que carregavam a marca. Pedro viu-os reunidos diante do trono do julgamento, com a sua lealdade à Besta exposta. Foram lançados no lago de fogo, a escolha de rejeitar o Criador selando o seu destino.

No entanto, mesmo ali, Pedro sentiu a tristeza do Criador, cujo amor lhes havia sido estendido repetidas vezes.

"Desejo que ninguém pereça", disse a voz, carregada de lamento. "Mas eles escolheram o caminho da destruição e eu honro a escolha deles."

Pedro sentiu o seu espírito elevar-se quando a visão regressou aos fiéis, aqueles que haviam recusado a marca e permanecido firmes. Ele viu-os vestidos com vestes brancas, com os seus nomes escritos no Livro da Vida do Cordeiro. Eles estavam diante do trono, radiantes de alegria, com as suas provações esquecidas na glória do reino eterno.

"Estes são os meus vencedores", declarou a voz. "Eles rejeitaram a marca da Besta e abraçaram o selo do meu Espírito. A eles pertence a coroa da vida."

Quando Pedro regressou da visão, o seu coração ardia de urgência e esperança. O Número da Besta era mais do que um símbolo; era uma escolha que a humanidade teria de enfrentar —

uma decisão entre a fidelidade ao Criador e a submissão às mentiras do Adversário.

Reuniu os fiéis e falou sobre a visão, com a voz firme, mas cheia de paixão.

"A marca da Besta é um engano", alertou Pedro. "Ela promete conforto, mas conduz à destruição. Resistam a ela com todas as vossas forças, pois o selo do Cordeiro é a vossa verdadeira proteção. Nele, encontrarão a vida eterna."

O testemunho de Pedro incitou os seus ouvintes à vigilância. Alguns decidiram aprofundar a sua fé, preparando os seus corações para permanecerem firmes diante da tentação. Outros choraram enquanto procuravam perdão, renunciando às formas pelas quais se haviam desviado.

Pedro realçou a importância do discernimento e da fidelidade através das suas palavras. O Número da Besta não era para ser temido, mas compreendido, como um lembrete da batalha espiritual que se desenrolava à sua volta.

Enquanto Pedro continuava a proclamar a visão, orou para que todos os que ouvissem rejeitassem as mentiras da Besta, permanecendo firmes na verdade do Criador e portando o selo do Cordeiro, uma marca de vida eterna e esperança inabalável.

Capítulo 24
A Grande Tribulação

A visão começou com um céu denso de presságios. O ar estava carregado de um peso tangível, como se a própria criação prendesse a respiração. Pedro foi atraído para um mundo mergulhado no caos e no sofrimento — um período único na história da humanidade. Esta era a Grande Tribulação, um período de angústia e provações sem precedentes que antecederia a consumação do plano divino do Criador.

"Este é o momento do julgamento", disse uma voz solene e inflexível. "É um fogo refinador para os fiéis e um chamado final ao arrependimento para os rebeldes."

Pedro olhou para a terra abaixo, onde nações e reinos convulsionavam em tumulto. Guerras eclodiam em todos os horizontes, consumindo cidades e campos por igual com os seus incêndios. A fome varria as terras, sem poupar nem os poderosos nem os humildes. A peste seguia-lhe o rasto, um destruidor silencioso, mas implacável.

No meio deste caos, a própria Terra parecia revoltar-se. Pedro assistiu a terremotos que destruíram montanhas, tsunamis que engoliram litorais e tempestades de tamanha ferocidade que até os céus tremiam. Os elementos, antes unidos em ordem, agora libertavam todo o seu poder, refletindo o desvendar do próprio coração da humanidade.

"Estas são as dores do parto", explicou uma voz. "Elas anunciam a vinda do meu reino, mas não são o fim. No meio deste sofrimento, a minha misericórdia permanece."

A visão voltou-se para os fiéis, aqueles que carregavam o nome do Cordeiro. Pedro viu-os espalhados pela terra, com as suas vidas marcadas pelo sofrimento e perseguição. Tinham sido caçados pela Besta, condenados ao ostracismo por se recusarem a receber a sua marca e submetidos a provações que puseram à prova as profundezas da sua fé.

No entanto, Pedro também reconheceu a resiliência deles. As suas orações subiam como incenso, as suas canções de louvor desafiavam a escuridão. Embora os seus corpos estivessem quebrados, os seus espíritos queimavam intensamente, um testemunho da esperança que os sustentava.

"Eles são as minhas testemunhas", disse a voz, cheia de amor e orgulho. "Através da sua resistência, proclamam a minha verdade a um mundo à beira da destruição."

O espírito de Pedro foi então atraído para aqueles que tinham voltado as costas ao Criador. Ele viu-os oprimidos pelo medo e pelo desespero, com os corações endurecidos pelo orgulho e pela rebelião. Alguns procuraram refúgio nas promessas da Besta, agarrando-se às suas falsas garantias de segurança. Outros amaldiçoaram os céus, manifestando uma rebelião fútil contra a autoridade do Criador.

No entanto, Pedro viu mesmo entre estes lampejos de arrependimento. Alguns, esmagados pelo peso das suas escolhas, caíram de joelhos e clamaram por misericórdia. A resposta do Criador foi rápida e inabalável, estendendo a Sua graça a todos os que se voltaram para Ele.

"A minha misericórdia perdura", disse a voz, num tom tanto terno como firme. "Mesmo no meio do julgamento, eu chamo-os. Que aquele que tem sede venha e beba livremente da água da vida."

A visão mudou para o reino espiritual, onde Pedro viu as forças da luz e das trevas em combate. Anjos radiantes e resolutos entraram em conflito com as hostes demoníacas do Adversário. Os céus tremeram com a fúria da luta, mas Pedro sentiu a autoridade inabalável do Criador a presidir a tudo.

"Esta não é uma guerra de iguais", declarou uma voz. "A vitória é minha e já foi conquistada por meio do meu Filho. Esta batalha é apenas o cumprimento da minha justiça e a manifestação da minha glória."

Foi mostrada a Pedro a perseverança dos fiéis durante o período da Tribulação. Reuniam-se em segredo, a sua comunhão era uma fonte de força e encorajamento. Partilhavam o pouco que tinham, os seus atos de gentileza e sacrifício refletiam o amor do Cordeiro.

Apesar da escuridão esmagadora, Pedro compreendeu como o testemunho deles levou outros à fé. A luz do seu testemunho penetrou as sombras, atraindo aqueles que estavam perdidos para o rebanho da misericórdia do Criador.

"Eles são o sal da terra", disse a voz. "Através do sofrimento deles, a minha verdade é revelada e o meu reino avança."

Quando a visão atingiu o clímax, Pedro viu o ápice da Grande Tribulação. Os céus abriram-se e o Cordeiro apareceu, vestido de glória e cercado pelas hostes do céu. A sua presença era avassaladora, uma luz que consumia a escuridão e trazia todas as coisas à plenitude da sua autoridade.

As nações tremeram, o seu poder foi humilhado diante do Rei dos reis. Os fiéis foram exaltados, as suas lágrimas enxugadas e as suas provações substituídas por alegria eterna. A voz do Cordeiro ressoou por toda a criação: "Eis que faço novas todas as coisas."

Quando Pedro regressou da visão, o seu coração estava pesado com a gravidade do que tinha visto, mas também iluminado com esperança. A Grande Tribulação foi um tempo de imenso sofrimento, mas também foi um tempo de graça e renovação sem igual.

Ele reuniu os fiéis e partilhou a visão com uma voz firme, mas cheia de urgência.

"A Grande Tribulação testará os corações de todos", proclamou Pedro. "Ela separará os fiéis dos infiéis, os verdadeiros dos falsos. No entanto, mesmo no momento mais sombrio, a luz do Cordeiro brilhará. Permaneçam firmes, pois a Sua vinda está próxima e a Sua vitória está garantida."

O testemunho de Pedro comoveu profundamente os seus ouvintes. Alguns tremeram com os avisos, decidindo preparar os seus corações para as provações que estavam para vir. Outros encontraram conforto na certeza de que a misericórdia do Criador permaneceria mesmo em meio ao julgamento.

Pedro realçou a importância da perseverança e da fidelidade através das suas palavras. A Grande Tribulação não foi apenas um tempo de sofrimento, mas um refinamento divino, um chamado à esperança firme e à confiança inabalável no Cordeiro.

Enquanto Pedro continuava a proclamar a visão, orou para que todos os que ouvissem permanecessem firmes, apegando-se às promessas do Criador e aguardando o regresso glorioso do

Cordeiro que poria fim à escuridão e estabeleceria o Seu reino eterno.

Capítulo 25
O Arrebatamento

A visão começou com um brilho repentino e avassalador, como se os próprios céus estivessem a ser rasgados. Pedro olhou para cima, para a extensão infinita do céu, onde apareciam figuras radiantes, cujas formas brilhavam com a glória do Criador. Os fiéis, que haviam suportado as provações da Terra, eram atraídos para cima, com rostos iluminados de alegria e admiração.

"Este é o Arrebatamento", declarou uma voz, ressoando com triunfo e segurança. "É a reunião do meu povo, chamado para encontrar o meu Filho no ar, para estar com Ele para sempre."

Pedro olhou para a terra abaixo, onde os fiéis tinham sido arrebatados num instante. Alguns estavam no meio dos seus afazeres diários, outros reunidos em oração e adoração, mas todos foram subitamente transformados. Os seus corpos mortais foram substituídos por outros incorruptíveis e as suas almas foram libertadas do peso do pecado e da tristeza.

A cena não era de caos, mas de ordem divina, um momento orquestrado com perfeição. Aqueles que foram elevados partilhavam uma característica unificadora: a sua fé no Cordeiro e a sua esperança inabalável na Sua promessa de salvação.

"Este é o cumprimento da minha aliança", disse uma voz. "Eles são meus, selados pelo meu Espírito, e agora são trazidos para habitar comigo para sempre."

A visão mudou para os fiéis que partiram da Terra antes deste momento. Pedro viu sepulturas abertas, os seus ocupantes a erguer-se em glória. Tratava-se de uma ressurreição dos justos, cujas almas e corpos se haviam reunido em perfeita harmonia. Junto com os que ainda estavam vivos, ascenderam em direção à presença do Messias, onde os aguardava uma grande celebração.

Pedro maravilhou-se com a unidade daquela reunião. Homens e mulheres de todas as nações, tribos e línguas estavam reunidos, as suas vozes elevando-se numa única canção de louvor.

"Esta é a minha igreja", disse uma voz, cheia de amor. "Não dividida por fronteiras ou tempo, mas unida no sangue do Cordeiro."

O olhar de Pedro foi atraído para o reino celestial, onde os Arrebatados foram trazidos diante do trono do Criador. No centro, o Cordeiro estava com as feridas visíveis, mas radiantes com a vitória. Os fiéis lançaram as suas coroas diante dEle, a sua gratidão e adoração fluindo como um rio poderoso.

Pedro viu a alegria estampada nos seus rostos, uma alegria que transcendia qualquer entendimento terreno. Era o cumprimento de cada promessa, o fim de cada anseio.

"Esta é a recompensa deles", disse uma voz. "Habitarão comigo, verão o meu rosto e partilharão a minha glória para sempre."

No entanto, a visão também revelou a terra abaixo, agora vazia dos fiéis. Pedro viu aqueles que rejeitaram o chamamento do Criador, rostos cheios de confusão e pavor. A ausência dos justos deixou um vazio que foi rapidamente preenchido pelo medo e caos. As forças da Besta avançaram, exercendo uma opressão descontrolada.

"O Arrebatamento é uma linha divisória", explicou a voz. "É o fim da misericórdia para aqueles que persistem na rebelião, mas continua a ser um testemunho do meu amor pelo mundo."

Pedro compreendeu que o Arrebatamento não era apenas um momento de libertação, mas também um apelo final ao arrependimento. Aqueles que ficaram para trás tiveram a oportunidade de se voltar para o Criador, embora o seu caminho agora estivesse repleto de provações ainda maiores.

A visão mudou mais uma vez, revelando a preparação dos fiéis para o seu propósito eterno. Pedro viu-os vestidos com vestes brancas, as vestes a refletir a pureza e a retidão do Cordeiro. Receberam papéis no reino eterno, cujas vidas seriam uma continuação de adoração e serviço ao Criador.

"A jornada deles não termina aqui", disse uma voz. "Eles são os meus amados e reinarão comigo no novo céu e na nova terra."

Pedro ficou emocionado ao testemunhar a grandeza do que aguardava os fiéis. O Arrebatamento não foi apenas uma fuga, mas uma transição para a plenitude do plano do Criador: uma reunião, uma celebração e o início da eternidade.

Quando Pedro regressou da visão, a sua alma estava em chamas, consumida por uma urgência e uma esperança simultâneas. O Arrebatamento não era apenas uma promessa para o futuro, mas um apelo para viver com fidelidade no presente, preparando corações e mentes para o momento em que o Cordeiro reuniria os Seus.

Ele reuniu os fiéis e partilhou a visão com uma voz firme, mas cheia de paixão.

"O Arrebatamento está a chegar", proclamou Pedro. "É a esperança dos justos e o cumprimento da promessa do Cordeiro. Estejam prontos, pois virá num piscar de olhos. Vivam como aqueles que pertencem a Ele, pois nele está a vida eterna."

O testemunho de Pedro comoveu profundamente os seus ouvintes. Alguns resolveram renovar o compromisso das suas vidas com o Criador, garantindo que os seus corações estivessem preparados para o dia do regresso do Cordeiro. Outros choraram de alegria, renovando a esperança de um futuro com o Messias.

Pedro realçou a importância da prontidão e da fidelidade através das suas palavras. O Arrebatamento não foi um momento para temer, mas uma promessa para abraçar, uma culminação do amor do Criador pelo Seu povo.

Enquanto Pedro continuava a proclamar a visão, orou para que todos os que ouvissem vivessem na expectativa do Arrebatamento, caminhando em fé, esperança e amor até ao dia em que fossem chamados para encontrar o Cordeiro nos ares e habitar com Ele para sempre.

Capítulo 26
A Segunda Vinda

A visão começou com um brilho repentino e avassalador, uma luz que atravessou o véu do céu e encheu a terra com a sua glória. Pedro encontrava-se de pé numa vasta planície, cercado por multidões cujos olhos se voltaram para cima em admiração. Os céus abriram-se, revelando o Rei dos reis, que descia com poder e majestade. Tratava-se da Segunda Vinda do Messias, o momento em que toda a criação se curvaria diante daquele que reina para sempre.

"Esta é a concretização da minha promessa", disse a voz, ressonante com triunfo e autoridade. "O meu Filho regressa para julgar as nações, para vencer o mal e para estabelecer o Seu reino eterno."

Pedro ficou fascinado ao observar a figura do Messias, montado num cavalo branco. Os seus olhos eram como chamas de fogo, a sua cabeça estava coroada com muitos diademas e o seu manto estava tingido de sangue. Sobre a sua coxa estava escrito o nome: "Rei dos reis e Senhor dos senhores".

Os exércitos do céu seguiram-no, vestidos de linho branco, as suas fileiras a brilhar com radiância divina. Não carregavam armas, pois a batalha seria vencida apenas pela palavra do Messias, mais afiada que qualquer espada e cheia da autoridade do Criador.

Pedro ficou com o coração a tremer diante daquela visão, pois o Cordeiro que fora morto agora aparecia como o Leão de

Judá, e a Sua presença era, ao mesmo tempo, assustadora e magnífica.

A visão voltou-se para as nações da Terra, reunidas para o confronto final. Pedro viu as forças da Besta reunidas, os seus exércitos numerosos e as suas armas prontas para a guerra. Os governantes da Terra uniram-se em rebelião, o seu orgulho cegando-os para a futilidade da sua causa.

No entanto, mesmo enquanto se preparavam para a batalha, os céus trovejaram e a terra tremeu. A presença do Messias sobrepuja-os, a sua confiança é despedaçada diante da Sua glória.

"Este é o fim da rebelião", declarou a voz. "Os perversos serão humilhados e os fiéis serão vingados. A justiça do Meu Filho é perfeita e o Seu reinado não terá fim."

Pedro assistiu à batalha, embora esta fosse diferente de qualquer conflito terrestre. Não houve lutas prolongadas, nem choques de espadas ou cercos. Com uma única palavra do Messias, as forças da Besta foram derrotadas. A Besta e o Falso Profeta foram capturados e lançados no lago de fogo, pondo fim rápido e decisivo ao seu reinado de terror.

As multidões que os seguiram caíram diante do Cordeiro, o seu poder desfeito e a sua rebelião silenciada. O campo de batalha transformou-se num local de julgamento, onde as nações se reuniram diante do trono do Messias.

A visão mudou para o julgamento dos vivos. Pedro viu os justos separados dos ímpios, como um pastor separa as ovelhas dos bodes. Os fiéis foram recebidos no reino eterno, radiantes de alegria ao ouvirem as palavras do Messias:

"Vinde, benditos do meu Pai! Recebei por herança o reino que vos está preparado desde a fundação do mundo."

Os ímpios, no entanto, foram lançados fora, tendo o seu desafio encontrado justiça. Embora a sua rebelião tenha sido grande, Pedro sentiu a tristeza no coração do Criador.

"Não tenho prazer na morte dos perversos", disse a voz. "No entanto, a justiça exige que a rebelião seja respondida, e o caminho que escolheram leva à separação de Mim."

Pedro viu então a terra transformar-se. A maldição do pecado foi removida e a própria criação foi renovada. Ergueram-se montanhas em esplendor, os rios fluíram com clareza cristalina e os céus encheram-se de um brilho que refletia a glória do Criador. A Nova Jerusalém desceu, com os seus portões abertos a todos os que carregavam o nome do Cordeiro.

O Messias ocupou o Seu lugar no trono, estabelecendo o Seu reino em justiça e paz. As nações trouxeram a sua glória para a cidade, com os seus reis a curvarem-se diante do Rei dos reis.

"Este é o cumprimento do meu plano", declarou a voz. "Todas as coisas são feitas novas, e a minha morada é com o meu povo para sempre."

Pedro ficou cheio de admiração ao testemunhar o ápice da história. A Segunda Vinda não foi apenas um momento de julgamento, mas uma celebração de vitória, a restauração de tudo o que havia sido perdido. Foi o cumprimento de cada promessa, a resposta a cada oração.

Quando Pedro regressou da visão, o seu coração ardia de urgência e esperança. Reuniu os fiéis e partilhou o que tinha visto, com a voz a tremer de emoção e alegria.

"O Rei está a chegar", proclamou Pedro. "Ele julgará as nações e estabelecerá o Seu reino eterno. Sejamos encontrados fiéis, preparados para o Seu regresso, pois a Sua justiça é perfeita e a Sua misericórdia dura para sempre."

O testemunho de Pedro comoveu profundamente os seus ouvintes. Alguns choraram de alegria, renovando a esperança na promessa do regresso do Messias. Outros ajoelharam-se em oração, procurando alinhar os seus corações com a vontade do Rei vindouro.

Pedro realçou a importância da prontidão e da fidelidade através das suas palavras. A Segunda Vinda não foi apenas um evento futuro, mas um chamamento presente para viver na luz da vitória do Messias.

Enquanto Pedro continuava a proclamar a visão, orou para que todos os que ouvissem permanecessem firmes na fé, aguardando o retorno glorioso do Cordeiro que reinaria para sempre como Rei dos reis e Senhor dos senhores.

Capítulo 27
O Milênio

A visão revelou-se com um profundo sentido de paz e renovação. Pedro encontrava-se numa terra transformada, onde as cicatrizes do pecado e da rebelião tinham sido curadas, e a criação irradiava com a luz da presença do Criador. Tratava-se do início do Milénio, o reinado de mil anos do Messias, durante o qual a retidão e a justiça floresceriam sob o Seu governo perfeito.

"Esta é a era do domínio do meu Filho", declarou a voz, com um tom cheio de majestade e alegria. "Neste tempo, a minha vontade será feita na terra como no céu."

O olhar de Pedro foi atraído para o trono do Messias, erguido no coração da Nova Jerusalém. Desse trono, o Cordeiro reinava com autoridade absoluta, fazendo julgamentos sábios e demonstrando uma compaixão sem fim. As nações reuniram-se diante dEle, os seus líderes submetendo-se ao Seu governo, os seus povos vivendo em harmonia.

A presença do Messias era a fonte de luz e vida. Não havia necessidade de sol ou lua, pois a Sua glória iluminava todas as coisas. O Rio da Vida jorrava do trono, as suas águas renovando a terra, e a Árvore da Vida estava nas suas margens, dando frutos em todas as estações.

"Este é o cumprimento da minha aliança", disse a voz. "Por meio do meu Filho, a terra é restaurada e o meu povo habita em paz."

Pedro viu os habitantes deste reino milenar. Os fiéis que suportaram a Grande Tribulação e o Arrebatamento agora viviam ao lado daqueles que se voltaram para o Criador nos momentos finais da Tribulação. Juntos, formavam uma comunidade unida pela sua devoção ao Cordeiro.

Pedro viu crianças a brincar em campos outrora desolados, as suas risadas a ecoar pela terra. Ele viu homens e mulheres a trabalhar alegremente, as suas tarefas não manchadas pelo trabalho, mas cheias de propósito e realização. A harmonia estendeu-se ao reino animal, onde predadores e presas repousavam juntos em paz, refletindo o desígnio perfeito do Criador.

"Esta é a restauração do Éden", explicou uma voz. "A maldição foi retirada e a minha criação é como eu pretendia."

A visão voltou-se para a realidade espiritual do Milénio. Pedro viu que Satanás, o grande enganador, tinha sido amarrado e lançado no abismo, com o seu poder restringido pela duração desta era. Sem a sua influência, os corações da humanidade voltaram-se para a luz e o conhecimento do Criador encheu a Terra como as águas cobrem o mar.

No entanto, Pedro sentiu que essa paz, embora profunda, não era o cumprimento final do plano do Criador.

"O Adversário está preso, mas a sua rebelião ainda não terminou", disse a voz. "No tempo determinado, ele será solto por uma curta temporada, para testar os corações dos homens e levar a minha justiça à sua conclusão."

Pedro viu como os fiéis desempenhariam o seu papel durante o Milénio. Reinaram ao lado do Messias, e as suas vidas eram um reflexo da Sua autoridade e graça. Alguns serviram como pastores de comunidades, guiando os outros pelo caminho da retidão. Outros foram administradores da criação, restaurando e cuidando da terra.

Os fiéis não estavam ociosos; o seu trabalho era uma extensão da sua adoração, e as suas ações eram um testemunho contínuo da glória do Cordeiro.

"Esta é a recompensa daqueles que venceram", disse a voz. "Eles partilham do meu reino, não como servos, mas como coproprietários com o meu Filho."

A visão voltou-se para a adoração do Messias durante este período. Pedro viu multidões reunidas na Nova Jerusalém, cujas vozes se erguiam em uníssono para louvar o Rei. Os antigos festejos e festivais assumiram um novo significado, os seus rituais cumpridos na presença do Cordeiro.

Pedro ficou emocionado ao testemunhar a alegria do povo e a sua adoração pura e imaculada. O amor entre o Criador e a Sua criação estava plenamente realizado, um vínculo inquebrável e eterno.

"Esta é a alegria da minha presença", disse a voz. "Aqui, o meu povo conhece-me como eu os conheço, e estão satisfeitos."

À medida que a visão se aproximava do fim, Pedro teve um vislumbre do que estava para além do Milénio. Ele viu a libertação de Satanás, o seu engano a incitar a rebelião mais uma vez entre aqueles que não haviam entregado totalmente os seus corações. No entanto, essa revolta final foi breve, a sua derrota foi absoluta. O Adversário e todos os que o seguiram foram lançados no lago de fogo, onde a sua rebelião terminou para sempre.

Com isso, os céus e a terra foram renovados, e o reino eterno estabelecido em plenitude.

"Este é o fim do Milénio e o início da eternidade", declarou a voz. A minha justiça está completa, a minha misericórdia foi cumprida e a minha morada com o meu povo é para sempre."

Quando Pedro regressou da visão, o seu coração transbordava de admiração e antecipação. O Milénio não era apenas uma promessa de paz, mas uma antecipação do reino eterno, um tempo em que o reinado do Messias transformaria a Terra e colocaria todas as coisas sob a Sua autoridade perfeita.

Pedro reuniu os fiéis e falou da visão, com uma voz firme, mas cheia de alegria.

"O Milênio está a chegar", proclamou Pedro. "É o reino do Cordeiro, a restauração de todas as coisas. Vivamos como aqueles que pertencem a Ele, preparando os nossos corações para o dia em que a Sua justiça e paz cobrirão a Terra."

O testemunho de Pedro comoveu profundamente os seus ouvintes. Alguns alegraram-se com a promessa de renovação, fortalecendo a sua esperança pela certeza do reino do Messias. Outros refletiram sobre a responsabilidade de viverem com fidelidade, conscientes de que as suas vidas eram uma preparação para o reino que estava para vir.

Através das suas palavras, Pedro destacou a importância da fidelidade e da antecipação. O Milênio não era apenas um evento futuro, mas um apelo presente para alinhar a vida de alguém com os valores do reino do Messias.

Enquanto Pedro continuava a proclamar esta visão, orou para que todos os que ouvissem colocassem os seus corações no reino vindouro do Cordeiro, vivendo em fé e esperança até ao dia em que a Terra estaria repleta da Sua glória e a Sua paz reinaria para sempre.

Capítulo 28
O Julgamento Final

A visão começou com um silêncio avassalador, do tipo que antecede a tempestade. Pedro encontrava-se à beira da eternidade, o seu espírito a tremer enquanto contemplava o grande e glorioso trono do Criador. Era puro e radiante, a sua luz a penetrar os céus e a terra. Diante deste trono, toda a criação se reunia, com os seus rostos voltados para o Juiz de todos. Este era o Julgamento Final — o acerto de contas final, em que cada alma estaria diante do Criador e prestaria contas.

"Esta é a hora da verdade", disse uma voz solene e resoluta. "Aqui, os feitos de cada vida são revelados e a justiça e a misericórdia são levadas à conclusão."

O olhar de Pedro foi atraído para o trono, onde o Messias estava sentado em glória, uma mistura de majestade e compaixão. Os céus e a terra fugiram da Sua presença, incapazes de suportar a Sua santidade. No entanto, os fiéis permaneceram firmes, vestidos com a justiça do Cordeiro.

Diante do trono estava o Livro da Vida, cujas páginas estavam inscritas com os nomes daqueles que confiaram no Cordeiro. Outro conjunto de livros estava aberto, contendo os feitos de toda a humanidade. Pedro sentiu o peso desses livros, pois continham o registo de cada pensamento, palavra e ação — nada estava escondido, e tudo foi trazido à luz.

A visão mudou e Pedro viu a reunião de todas as nações. Reis e plebeus, ricos e pobres, poderosos e humildes — todos estavam como iguais diante do trono. Os seus rostos refletiam uma mistura de admiração e pavor, pois ninguém conseguia escapar do olhar do Juiz.

O Messias começou a separá-los, como um pastor separa as ovelhas dos bodes. Às pessoas que estavam à Sua direita, Ele dirigiu palavras de boas-vindas e alegria:

"Vinde, benditos do meu Pai! Recebei por herança o reino que vos está preparado desde a fundação do mundo."

Eram os que haviam alimentado os famintos, vestirado os nus, cuidado dos doentes e visitado os presos. Os seus atos de amor, nascidos da fé, eram a prova da sua fidelidade ao Cordeiro.

Para os que estavam à Sua esquerda, no entanto, as palavras eram duras:

"Apartai-vos de mim, malditos, para o fogo eterno, preparado para o diabo e os seus anjos."

Eram os que ignoraram as necessidades dos outros, consumindo as suas vidas no interesse próprio e na indiferença. A rejeição do amor do Criador ficou patente no modo como trataram os seus semelhantes.

Pedro viu o medo e o arrependimento estampados no rosto daqueles que foram expulsos, a sua rebelião exposta diante do trono. Eles suplicaram, apresentando desculpas e justificativas, mas a verdade era inegável. As escolhas que fizeram ao longo da vida moldaram o seu destino eterno.

"Esta é a justiça do meu reino", disse a voz. "Foi oferecida misericórdia, mas eles escolheram rejeitá-la. A separação deles não é a minha vontade, mas a deles."

A visão tornou-se mais intensa quando Pedro viu o destino do Adversário e dos seus seguidores. Satanás, a Besta, o Falso Profeta e todos os que se alinharam com as trevas foram lançados no lago de fogo. Esta foi a segunda morte, a derrota final do pecado, da morte e do mal.

"A rebelião deles terminou", declarou a voz. "Eles não enganarão, não destruirão nem corromperão. A minha criação é livre e a minha justiça é completa."

Pedro viu então a recompensa dos fiéis. Eles foram recebidos na Nova Jerusalém, os seus nomes escritos no Livro da Vida, as suas lágrimas enxugadas pela mão do Criador. Andaram na luz do Cordeiro, usufruindo de uma alegria eterna e ininterrupta.

Os fiéis não foram julgados apenas pelas suas ações, mas também pela sua fé no Messias. O seu sacrifício cobriu os seus pecados e a Sua justiça tornou-se a deles.

"Esta é a minha misericórdia", disse a voz, cheia de amor. "Para todos os que creem no meu Filho, não há condenação. Eles são meus e eu sou deles para sempre."

Quando a visão chegou ao fim, Pedro viu o novo céu e a nova terra. A velha ordem tinha passado e a própria criação tinha sido renovada. No centro, estava o trono do Criador e os fiéis habitavam em perfeita comunhão com Ele.

"Não haverá mais morte, nem luto, nem dor", declarou a voz. "Eis que faço novas todas as coisas."

Ao regressar da visão, Pedro sentia o coração tomado pela gravidade e pela esperança do que tinha visto. O Julgamento Final foi um momento de profunda justiça e misericórdia, o cumprimento final do plano do Criador.

Ele reuniu os fiéis e falou sobre a visão, com uma voz firme, mas cheia de urgência.

"O dia do julgamento está a chegar", proclamou Pedro. "Toda a ação será revelada, todo o coração exposto. No entanto, para aqueles que confiam no Cordeiro, não há medo, apenas alegria. Vivamos como aqueles que estão prontos, amando-nos uns aos outros e seguindo a Sua luz."

O testemunho de Pedro comoveu profundamente os seus ouvintes. Alguns decidiram viver com mais fé e compaixão, conscientes de que as suas vidas teriam um significado eterno. Outros encontraram conforto na certeza da misericórdia do Messias e na promessa de vida eterna, que lhes renovou a esperança.

Pedro destacou a importância da prontidão e da fidelidade através das suas palavras. O Julgamento Final não foi um momento para temer, mas um chamado para viver na luz do Cordeiro, abraçando o Seu amor e partilhando-o com o mundo.

Enquanto Pedro continuava a proclamar a visão, orou para que todos os que ouvissem preparassem os seus corações para o dia em que estariam diante do trono, prontos para ouvir as palavras: "Muito bem, servo bom e fiel. Entra no gozo do teu Senhor."

Capítulo 29
A Data do Apocalipse

A visão começou com uma imagem dos céus, vastos e infinitos, onde as estrelas se moviam em padrões conhecidos apenas pelo seu Criador. Pedro encontrava-se no meio dessa expansão celestial, sentindo uma ordem profunda que transcendia a compreensão humana. Sentiu o peso do próprio tempo, uma força tecida na criação, mas sujeita àquele que habita para além dela.

"A hora do Apocalipse é conhecida por ninguém além de mim", declarou uma voz, ressonante com autoridade e mistério. "Virá como um ladrão na noite, não antecipado pelos orgulhosos, mas aguardado pelos fiéis."

Pedro voltou o olhar para a Terra, onde a humanidade lutava com o enigma do Apocalipse. Ele viu estudiosos a debruçar-se sobre textos antigos, profetas a anunciar sinais e céticos a ridicularizar a ideia de um fim. A questão do momento consumia os seus pensamentos, dividindo os fiéis e distraindo os curiosos.

A voz falou novamente, cheia de paciência e advertência. "Por que razão procuram o que lhes é negado? Os tempos e as estações são meus para comandar, não deles para saber."

A visão levou Pedro através dos tempos, mostrando como a questão da data do Apocalipse moldou a história da humanidade. Ele viu a igreja primitiva, cujos corações estavam cheios de urgência enquanto aguardavam o regresso do Messias.

As suas vidas eram marcadas pela fidelidade, a sua esperança não repousando no tempo, mas na certeza da Sua vinda.

No entanto, Pedro também testemunhou os perigos da obsessão. Em todas as eras, alguns alegavam ter conhecimento secreto da data, e as suas previsões semeavam o medo e a confusão. Ele testemunhou movimentos ascenderem e descerem, com os seus seguidores a desiludirem-se quando o dia marcado passou sem eventos.

"Esses são os falsos profetas", disse uma voz triste, mas resoluta. "Eles afirmam falar em meu nome, mas as suas palavras desviam o meu povo. Cuidado com eles, pois são lobos com pele de cordeiro."

A visão voltou-se para os sinais que precederiam o fim. Pedro viu guerras e rumores de guerras, fomes e terremotos, a ascensão de falsos messias e a perseguição dos fiéis. Esses sinais não tinham por objetivo indicar a data, mas sim lembrar à humanidade a necessidade de vigilância.

Pedro compreendeu que os sinais eram simultaneamente um aviso e um conforto, um lembrete da fragilidade do mundo e da promessa da sua restauração.

"Os sinais são as dores do parto", explicou a voz. "Eles apontam para o que está por vir, mas não revelam a hora. O meu povo é chamado para vigiar e orar, não para especular."

Foi então mostrado a Pedro a importância de viver em prontidão. Ele viu os fiéis a viver as suas vidas diárias, com os corações sintonizados com a vontade do Criador. Eles trabalharam, amaram e serviram com o conhecimento de que o Apocalipse poderia ocorrer a qualquer momento. As suas vidas foram um testemunho da sabedoria da preparação sobre a previsão.

"O servo sábio não espera ociosamente", disse a voz. "Ele trata da sua casa, garantindo que, quando o mestre regressar, ele seja encontrado fiel. Abençoados são aqueles que vivem em prontidão, pois herdarão o meu reino."

A visão mudou mais uma vez, mostrando a futilidade das tentativas da humanidade de calcular a data. Pedro viu astrónomos a mapear os céus, matemáticos a elaborar fórmulas complexas e místicos a interpretar sonhos — todos à procura de descobrir o que o Criador mantinha oculto.

No entanto, enquanto trabalhavam, o Apocalipse aproximava-se, despercebido por aqueles que haviam depositado a sua fé no seu próprio entendimento e não nas promessas do Cordeiro.

"A data não é para eles saberem", declarou a voz. "Eu venho na hora marcada, conhecida somente por mim. Confie no meu tempo, pois é perfeito."

Quando a visão terminou, Pedro recordou-se da simplicidade do chamado à fé. O Criador não exigiu que o Seu povo soubesse a data, mas que vivesse em constante prontidão, com os corações ancorados na confiança e na esperança.

Quando Pedro regressou da visão, o seu coração estava repleto de clareza e propósito. Reuniu os fiéis e partilhou o que tinha visto, com uma voz firme, mas urgente.

"O dia e a hora são conhecidos por ninguém, exceto pelo Pai", proclamou Pedro. "Não desperdicem as vossas vidas com especulações, mas vivam em prontidão. Sejam fiéis no vosso trabalho, firmes na vossa esperança e inabaláveis no vosso amor, pois Ele está a chegar num momento em que não esperam."

O testemunho de Pedro comoveu profundamente os seus ouvintes. Alguns choraram ao perceber que a sua preocupação com sinais e datas os tinha distraído de viverem fielmente. Outros decidiram concentrar-se na sua caminhada com o Criador, preparando os seus corações para o Seu regresso.

Pedro realçou a importância da confiança e da vigilância através das suas palavras. A data do Apocalipse não era para a humanidade saber, mas para esperar com fé e esperança.

Enquanto Pedro continuava a proclamar a visão, orou para que todos os que ouvissem vivessem como se o Apocalipse estivesse próximo e as suas vidas fossem marcadas pela prontidão e alegria daqueles que aguardavam ansiosamente o regresso do Cordeiro.

Capítulo 30
O Destino da Humanidade

A visão começou com um panorama abrangente da Terra, onde a sua beleza se misturava com as cicatrizes do domínio da humanidade. Pedro avistou as grandes cidades, os campos industriais e as vastas áreas selvagens que testemunhavam a criatividade e a destruição da humanidade. A voz falou, cheia de tristeza e esperança:

— Este é o destino da humanidade: um caminho moldado pelas suas escolhas, mas guiado pelo meu plano eterno. Eu chamo-lhes para a vida, mas muitos escolhem a morte. Ofereço-lhes paz, mas muitos semeiam conflitos."

Pedro ficou fascinado ao observar uma linha do tempo da história humana, fluindo como um rio poderoso. Ele viu o seu início no jardim, onde a humanidade andava em comunhão ininterrupta com o Criador. O rio escureceu quando o pecado entrou no mundo, as suas águas contaminadas pela rebelião e desobediência. Guerras, impérios e revoluções agitaram o seu curso, refletindo a luta da humanidade para encontrar um propósito independente do Criador.

No entanto, mesmo nos momentos mais sombrios, Pedro viu lampejos de esperança: figuras que se posicionaram como faróis de luz, profetas e mártires que chamaram a sua geração de volta à vontade do Criador. O rio, embora agitado, moveu-se inevitavelmente em direção a um horizonte glorioso.

"O destino da humanidade não é a destruição, mas a redenção. Embora muitos se desviem, o meu plano não será frustrado. Eu sou o Alfa e o Ômega, e os meus propósitos prevalecerão."

Pedro viu dois caminhos distintos que a humanidade poderia seguir. Um caminho era largo e bem trilhado, mas os seus viajantes estavam consumidos por interesses próprios e buscas mundanas. Esta estrada levava à destruição, com o fim marcado pela separação do Criador e pela perda da vida eterna.

O outro caminho era estreito, serpenteando para cima através de provações e tribulações. Os viajantes deste caminho carregavam as marcas da fé, com os olhos fixos na luz à frente. Esta estrada levava ao reino eterno, onde os fiéis habitariam com o Criador para sempre.

"Eis que ponho diante deles a vida e a morte, bênçãos e maldições. Eu chamo-os para escolherem a vida, para que possam viver."

A visão mudou para as conquistas da humanidade: monumentos de arte, ciência e filosofia que refletiam a imagem da criatividade do Criador. Pedro viu catedrais construídas para glorificar Deus, obras literárias que inspiravam a alma e descobertas que desvendavam os mistérios da criação.

No entanto, ao lado dessas conquistas, ele observou o uso inadequado do conhecimento e do poder. Armas de guerra, sistemas opressores e ideologias que negavam a existência do Criador erguiam-se como monumentos ao orgulho humano.

"Os presentes que dou são para construir, não para destruir", disse a voz. "Quando a humanidade segue os meus caminhos, reflete a minha glória. Quando se afastam de mim, os seus presentes tornam-se ferramentas da sua própria ruína."

Pedro então compreendeu o destino da humanidade. Viu a Nova Jerusalém, com os seus portões abertos a todos os que tinham trilhado o caminho estreito. Os fiéis entraram com alegria, as suas vidas um testemunho da graça e da misericórdia do Criador.

Porém, Pedro também viu aqueles que estavam do lado de fora, rostos marcados pelo arrependimento. Tinham escolhido o caminho largo, rejeitando a luz em favor da escuridão. Embora os portões permanecessem abertos, os seus corações não se voltariam, e a separação seria completa.

"O destino deles é a escolha deles", disse uma voz cheia de tristeza. "Eu chamo-os agora mesmo, mas eles recusam-se a ouvir. A minha misericórdia perdura, mas a justiça deve prevalecer."

A visão voltou-se para o papel do Messias na formação do destino da humanidade. Pedro viu a cruz e o túmulo vazio, os momentos cruciais em que a morte foi vencida e a esperança restaurada. O sacrifício do Messias foi a ponte que cruzou o abismo entre a humanidade e o Criador, oferecendo a todos um caminho para trilharem.

"Todos os que vêm ao meu Filho viverão", declarou a voz. "Por meio dele, o destino da humanidade está assegurado e a promessa da vida eterna é cumprida."

Quando a visão terminou, foi revelado a Pedro o destino final da criação. A Terra foi renovada, as suas cicatrizes curadas e a sua beleza restaurada. A humanidade, redimida e unida, caminhou com o Criador como no início.

"Este é o meu plano", disse a voz. "Não destruição, mas restauração. Não desespero, mas esperança. Os meus propósitos são bons e o meu amor dura para sempre."

Quando Pedro regressou da visão, o seu coração estava pesado com o peso das escolhas da humanidade, mas levantado pela promessa do plano do Criador. Reuniu os fiéis e falou da visão, com uma voz firme, mas cheia de paixão.

"O destino da humanidade está nas mãos do Criador", proclamou Pedro. "Ele chama-nos para a vida, oferecendo esperança por meio do Seu Filho. Escolham o caminho estreito, pois ele leva à alegria eterna. Rejeitem o caminho largo, pois o seu fim é a destruição. Viva como aqueles que carregam a imagem de Deus, refletindo o Seu amor e a verdade em tudo o que faz."

As palavras de Pedro comoveram profundamente os seus ouvintes. Alguns refletiram sobre o caminho que estavam a trilhar, decidindo alinhar as suas vidas com a vontade do Criador. Outros alegraram-se com a certeza da vitória do Messias e com a renovação da sua esperança pela visão da restauração.

Através do seu testemunho, Pedro enfatizou a importância da escolha e da responsabilidade. O destino da humanidade não foi uma questão de acaso, mas de ação deliberada, moldada pelas escolhas de cada indivíduo.

Enquanto Pedro continuava a proclamar a visão, orou para que todos os que ouvissem escolhessem o caminho da vida, caminhando na fé, na esperança e no amor, até que o destino da humanidade se realizasse plenamente no reino eterno do Criador.

Capítulo 31
A Salvação

A visão desdobrou-se com um brilho que parecia abranger tanto a vastidão dos céus como a intimidade de uma só alma humana. Pedro encontrava-se no ponto de encontro dos maiores anseios da humanidade: a salvação, ou seja, a promessa de libertação do pecado e de restauração à comunhão com o Criador.

"Este é o meu dom", disse a voz, com tanto carinho como autoridade. "A salvação não é conquistada, mas dada; não alcançada, mas recebida. É o meu amor derramado pelo mundo."

Pedro foi atraído pela imagem de um pastor que carregava ternamente um cordeiro perdido. O cordeiro, cansado e assustado, carregava as marcas da sua peregrinação, mas o aperto do pastor era firme e o seu olhar, cheio de alegria.

"Este é o coração da salvação", explicou a voz. "Eu busco os perdidos e regozijo-me quando são encontrados. Não é minha vontade que ninguém pereça, mas que todos cheguem ao arrependimento."

A visão alargou-se para revelar a história da salvação, começando no jardim onde a queda da humanidade introduzira o pecado e a morte. Pedro testemunhou a busca ininterrupta do Criador pela Sua criação, mesmo quando esta se afastou Dele.

Ele testemunhou o chamado de Abraão, a aliança com Israel, a lei dada a Moisés e as vozes dos profetas — todos fios da tapeçaria da salvação. Cada momento apontava para a vinda do Messias, o Cordeiro que tiraria os pecados do mundo.

"O plano de salvação foi estabelecido antes da criação da Terra", disse a voz. "Por meio do meu Filho, o caminho está aberto para todos os que nele creem."

Pedro testemunhou a cruz, o ápice da história da salvação. Ele viu o sofrimento do Messias, o Seu corpo partido e o Seu sangue derramado. No entanto, também viu o triunfo do túmulo vazio, onde a morte foi derrotada e a vida eterna foi assegurada.

"A cruz é a ponte", disse a voz, cheia de tristeza e alegria. "É através dela que a minha justiça e a minha misericórdia se encontram. O meu Filho suportou o peso do pecado para que a humanidade pudesse ser livre."

A visão voltou-se para o presente, onde Pedro viu a proclamação do chamado da salvação por toda a terra. Ele testemunhou pregadores e missionários a partilhar a mensagem do Evangelho, cujas palavras alcançavam os corações de cada nação, tribo e língua.

Pedro também testemunhou as lutas daqueles que resistiram ao chamado, com os seus corações sobrecarregados pela dúvida, orgulho ou medo. No entanto, o Espírito continuou a trabalhar, amolecendo os corações e atraindo-os para o amor do Criador.

"A minha salvação é para todos", declarou a voz. "Aos cansados e sobrecarregados, dou descanso. Aos quebrantados e contritos, dou cura. Que todos os que têm sede venham e bebam livremente."

A visão mudou para as diferentes crenças sobre a salvação que existiam entre a humanidade. Pedro viu aqueles que procuravam a salvação através dos seus próprios esforços, esforçando-se para ganhar favor através de boas ações ou rituais religiosos. Outros colocavam a sua esperança em filosofias ou ideologias, procurando um significado independente do Criador.

No entanto, no meio de todas essas tentativas, Pedro reconheceu a simplicidade e o poder do Evangelho. A salvação não era o resultado do esforço humano, mas um dom da graça, recebido pela fé no Messias.

"É pela graça que vocês são salvos", disse uma voz firme, mas gentil. "Não por obras, para que ninguém se glorie. A minha salvação é um presente, oferecido gratuitamente a todos os que nela creem."

O coração de Pedro encheu-se quando lhe foram mostrados os frutos da salvação nas vidas dos fiéis. Ele viu vidas transformadas, relacionamentos restaurados e comunidades curadas. O poder do pecado foi quebrado e a luz do Criador brilhou através daqueles que tinham sido redimidos.

No entanto, Pedro também compreendeu o preço de rejeitar a salvação. Aqueles que se afastaram do dom do Criador permaneceram presos ao pecado, a sua separação Dele uma fonte de tristeza eterna.

"Não imposto a minha presença a ninguém", disse a voz, triste, mas resoluta. "A escolha é deles. No entanto, até ao último momento, a minha misericórdia perdura e o meu chamado permanece."

Quando a visão terminou, Pedro contemplou o ápice da salvação na Nova Jerusalém. Os fiéis, redimidos pelo sangue do Cordeiro, caminhavam em perfeita comunhão com o Criador. As lágrimas foram enxugadas, as tristezas transformaram-se em alegria e as suas vidas foram um testemunho da grandeza do Seu amor.

"Esta é a conclusão da história da salvação", declarou a voz. "O meu povo está comigo e eu com eles, para sempre."

Quando Pedro regressou da visão, o seu coração ardia de uma urgência e uma esperança tão grandes quanto. A salvação não era apenas um conceito teológico, mas o maior dom do Criador — uma ponte da morte para a vida, do desespero para a esperança.

Reuniu os fiéis e falou sobre a visão, com a voz firme, mas cheia de paixão.

"A salvação é oferecida a todos", proclamou Pedro. "É o dom da graça do Criador, recebido pela fé no Cordeiro. Não hesitem, pois hoje é o dia da salvação. Abram os vossos corações ao Seu amor e sigam a luz da Sua redenção."

O testemunho de Pedro comoveu profundamente os seus ouvintes. Alguns choraram de gratidão, com os seus corações tomados pela certeza do sacrifício do Messias. Outros decidiram partilhar a mensagem de salvação com aqueles que ainda não tinham ouvido, os seus espíritos inflamados pela urgência da visão.

Pedro realçou a simplicidade e o poder da salvação através das suas palavras. Não se tratava de uma recompensa para os justos, mas de um presente para os arrependidos, um apelo para confiar naquele que deu a vida pelo mundo.

Enquanto Pedro continuava a proclamar a visão, orou para que todos os que ouvissem abraçassem o dom da salvação, caminhando em fé, esperança e amor até ao dia em que estivessem diante do Criador, redimidos e restaurados para a eternidade.

Capítulo 32
Livre arbítrio

A visão começou com uma cena da humanidade numa encruzilhada, onde os caminhos se estendiam infinitamente em todas as direções. Cada caminho representava uma escolha, com consequências associadas a cada uma. Pedro encontrava-se entre a multidão, observando enquanto os indivíduos paravam para considerar as suas opções, alguns fazendo escolhas sábias, outros desviando-se para caminhos de destruição.

"Este é o dom do livre-arbítrio", declarou a voz, com tanto peso como ternura. "É o poder de escolher, um reflexo da minha imagem na humanidade. No entanto, com este dom vem uma grande responsabilidade."

Pedro olhou para o jardim do Éden, onde a primeira escolha tinha sido feita. Adão e Eva estavam parados diante da Árvore do Conhecimento do Bem e do Mal, com os seus corações cheios de inocência, mas influenciados pelas mentiras da serpente.

"A escolha foi deles", explicou a voz. "Eu não forcei a obediência deles, pois o amor não pode existir sem liberdade. No entanto, a escolha deles trouxe pecado e morte ao mundo."

Pedro compreendeu como este primeiro ato de rebelião havia preparado o cenário para a luta constante da humanidade. O dom do livre-arbítrio, destinado ao bem, tornou-se uma espada de dois gumes, oferecendo o potencial tanto para a retidão como para a ruína.

A visão mudou, revelando a vasta gama de escolhas enfrentadas pela humanidade. Pedro testemunhou momentos de sacrifício próprio, atos de bondade e decisões que trouxeram cura e esperança. Ele também viu a ganância, a crueldade e a traição, escolhas que rasgaram o tecido dos relacionamentos e das comunidades.

"O poder de escolher é sagrado", disse a voz. "É através dele que a humanidade molda o seu destino. Eu ofereço orientação, mas não influência. O meu Espírito sussurra, mas o coração deve responder."

Foi-lhe mostrado como o livre-arbítrio desempenhou um papel na salvação. Ele viu a mão do Criador estendida à humanidade, oferecendo o dom da graça por meio do Messias. No entanto, este dom exigia uma resposta: uma escolha entre aceitar ou rejeitar o amor que foi dado livremente.

"A porta está aberta", declarou a voz. "Mas cada um deve decidir se entra. Não forçarei o meu amor sobre ninguém, pois o amor forçado não é amor de forma alguma."

Pedro observou algumas pessoas abraçarem o dom da salvação, com os seus corações transformados pela fé. Outros afastaram-se, o orgulho ou o medo a impedirem de aceitar o que lhes era oferecido.

A visão voltou-se para as consequências das escolhas da humanidade. Pedro observou os efeitos dominó das decisões, como um ato de gentileza poderia inspirar uma cadeia de bondade, enquanto um ato de crueldade poderia desencadear ondas de sofrimento. Ele compreendeu que o livre-arbítrio não era isolado, mas sim interligado, com cada escolha a impactar os outros de formas visíveis e invisíveis.

"Toda a escolha importa", disse a voz. "Nenhum ato de amor é pequeno demais, nenhum pecado é demasiado escondido para escapar às suas consequências. No entanto, a minha graça é suficiente para redimir até mesmo o caminho mais escuro."

Pedro compreendeu então o papel do Criador em guiar o livre-arbítrio. Ele compreendeu como o Espírito atuava no coração da humanidade, oferecendo sabedoria e convicção. Ele testemunhou momentos em que o estímulo do Espírito afastava os indivíduos da destruição, conduzindo-os em direção à vida.

Porém, Pedro também testemunhou a dor da rejeição — a tristeza do Criador quando a humanidade escolheu caminhos que a afastavam Dele.

"Eu não abandono aqueles que se desviam", disse a voz, cheia de tristeza e esperança. "Eu persigo-os, chamando-os de volta para mim. No entanto, a escolha continua a ser deles."

A visão revelou como o livre-arbítrio moldou a relação entre a humanidade e o Criador. Pedro compreendeu como a confiança e o amor floresceram na ausência de compulsão, e que o desejo do Criador não era de servidão, mas de comunhão.

"O maior mandamento é amar-me com todo o coração, alma e mente", disse a voz. "No entanto, o amor deve ser dado livremente, não tomado à força. Essa é a beleza e o fardo do livre-arbítrio."

Quando a visão terminou, Pedro compreendeu as implicações eternas do livre-arbítrio. Aqueles que escolheram o caminho do Cordeiro entraram na vida eterna, cujas decisões refletiam a sua fé e o seu amor. Aqueles que rejeitaram o Criador enfrentaram a separação, com as suas escolhas a afastá-los da luz.

"O livre-arbítrio é o meu dom e o meu teste", disse a voz. "Por meio dele, o coração é revelado e a eternidade moldada. Escolham sabiamente, pois as apostas são eternas."

Quando Pedro regressou da visão, o seu coração estava repleto de admiração e urgência. O livre-arbítrio não era apenas um conceito filosófico, mas um dom divino, um reflexo da imagem do Criador e um meio de moldar o próprio destino.

Reuniu os fiéis e falou sobre a visão, com a voz firme, mas cheia de paixão.

"O livre-arbítrio é o dom do Criador", proclamou Pedro. "Por meio dele, escolhemos a quem serviremos. Vamos escolher o caminho da vida, caminhando em obediência e amor, pois as nossas escolhas repercutem-se na eternidade. Busquem a Sua orientação, confiem no Seu Espírito e deixem que as vossas decisões reflitam a Sua glória."

O testemunho de Pedro comoveu profundamente os seus ouvintes. Alguns refletiram sobre o peso das suas escolhas, decidindo alinhar as suas vidas com a vontade do Criador. Outros encontraram esperança na certeza de que até os seus erros passados poderiam ser redimidos pela graça.

Pedro enfatizou a sacralidade do livre-arbítrio e a responsabilidade que este acarreta, através das suas palavras. Não era um fardo, mas uma oportunidade — uma oportunidade de refletir o amor do Criador em cada decisão.

Enquanto Pedro continuava a proclamar esta visão, orou para que todos os que ouvissem escolhessem sabiamente, abraçando o dom do livre-arbítrio como um meio de se aproximarem do Criador e trilharem o caminho da vida eterna.

Capítulo 33
Pecado Original

A visão abriu com um regresso vívido ao jardim do Éden, onde a perfeição da criação cercava Pedro. As árvores eram viçosas, os rios eram puros e o ar exalava a presença inconfundível do Criador. No centro deste paraíso encontrava-se a Árvore do Conhecimento do Bem e do Mal, cujo fruto radiante e convidativo ostentava um aviso invisível.

"Foi aqui que tudo começou", disse a voz, com tristeza e verdade. "A escolha feita aqui repercutiu por toda a criação, introduzindo o pecado e a morte naquilo que eu havia declarado muito bom."

Pedro viu Adão e Eva, vestidos de inocência, com os rostos iluminados pela maravilha do mundo que lhes tinha sido confiado. No entanto, os seus olhares foram atraídos para a árvore proibida, onde a serpente proferiu palavras repletas de astúcia e engano.

"Deus realmente disse...?" sussurrou a serpente, deixando uma semente de dúvida. Ela apresentou a desobediência como sabedoria, a rebelião como liberdade e o pecado como um caminho para a divindade.

Pedro sentiu um aperto no coração ao testemunhar a escolha deles. Eles colheram o fruto, as suas mãos a tremer, a sua decisão marcando um trágico ponto de viragem para toda a humanidade. No momento em que comeram, uma sombra caiu sobre o jardim e Pedro sentiu o peso da sua desobediência.

"Este é o pecado original", declarou uma voz. "É a primeira fratura, a quebra de confiança entre o Criador e a criação. Por meio disto, o pecado entrou no mundo e, com ele, a morte."

A visão expandiu-se, mostrando a Pedro as consequências daquele único ato. Ele viu Caim a levantar a mão contra Abel, o primeiro assassinato a manchar a terra com sangue inocente. Testemunhou a disseminação da corrupção, os pensamentos e ações da humanidade voltados continuamente para o mal.

Pedro viu a torre de Babel erguida como um monumento ao orgulho, as águas do dilúvio a consumir um mundo consumido pela maldade e Sodoma e Gomorra reduzidas a cinzas pela sua rebelião. Cada evento foi uma manifestação do pecado original, a corrupção que se transmite de geração em geração.

"Por um só homem, o pecado entrou no mundo", disse a voz, carregada de tristeza. "E a morte veio pelo pecado. Assim, a morte passou a todos os homens, pois todos pecaram."

O espírito de Pedro foi mais profundamente atraído para a natureza do pecado original. Ele compreendeu que não se tratava apenas de um ato, mas de uma condição — uma distorção da alma que separava a humanidade do Criador. Os corações dos homens e das mulheres estavam inclinados para o egoísmo e a rebelião, com os seus desejos frequentemente em desacordo com a vontade do Criador.

"A imagem de Deus permanece", explicou a voz, "mas está manchada, como um espelho rachado e opaco. A humanidade foi criada para a comunhão comigo, mas o pecado cortou esse vínculo."

A visão voltou-se para a lei dada a Moisés, na qual o Criador procurava guiar a humanidade de volta à retidão. Pedro viu os mandamentos gravados em pedra, um reflexo da santidade e justiça do Criador.

No entanto, mesmo quando a lei foi dada, Pedro reconheceu as suas limitações. A lei revelou o pecado, mas não o conseguiu eliminar. Os sacrifícios de touros e bodes não foram suficientes para limpar a mancha do pecado original.

"A lei é um tutor", disse a voz, "apontando para a necessidade de um Salvador. Ela mostra a profundidade da necessidade da humanidade e a grandeza da minha misericórdia."

Pedro voltou o seu olhar para a cruz, onde o peso do pecado original foi suportado pelo Messias. Ele viu o Cordeiro de Deus, ferido e quebrado, mas triunfante no Seu sacrifício. Através da Sua morte e ressurreição, o poder do pecado foi quebrado e o caminho para a reconciliação foi aberto.

"Por meio de um homem, o pecado entrou", declarou a voz, "mas por meio de um homem, a justiça abunda. O meu Filho desfez o que foi quebrado no jardim, oferecendo vida a todos os que nele creem."

A visão revelou a luta contínua com o pecado, mesmo para os redimidos. Pedro viu como os vestígios do pecado original permaneciam, tentando os fiéis e travando guerra contra os seus espíritos. No entanto, também viu o poder da graça, o Espírito a trabalhar no interior para transformar corações e restaurar a imagem do Criador.

"Isto é santificação", explicou a voz. "Embora o poder do pecado esteja quebrado, a sua presença permanece. O meu Espírito é o fogo que refina, purificando o meu povo até que estejam completos."

Quando a visão terminou, Pedro testemunhou a derrota final do pecado. Ele viu a Nova Jerusalém, onde a maldição já não existia e os fiéis caminhavam em perfeita comunhão com o Criador. O espelho, uma vez rachado, foi restaurado, refletindo por completo a Sua glória.

"Esta é a minha promessa", disse a voz. "O pecado não terá a palavra final. A minha graça é suficiente e o meu amor dura para sempre."

Quando Pedro regressou da visão, o seu coração estava pesado com o peso da queda da humanidade, mas cheio de esperança na redenção do Messias. Reuniu os fiéis e falou sobre o que tinha visto, com uma voz firme, mas urgente.

"O pecado original é a raiz de toda a ruína", proclamou Pedro. "É a herança dos nossos primeiros pais, uma mancha que não podemos remover por nós mesmos. No entanto, o Cordeiro suportou o seu peso, concedendo graça a todos os que se arrependem. Voltemo-nos para Ele, confiando no Seu sacrifício e seguindo a luz do Seu Espírito."

O testemunho de Pedro comoveu profundamente os seus ouvintes. Alguns choraram de gratidão pelo perdão oferecido através do Messias, enquanto outros decidiram ser mais fiéis, conscientes da luta contínua contra o pecado.

Através das suas palavras, Pedro destacou a realidade do pecado original e a esperança encontrada no plano redentor do Criador. O pecado não foi o fim da história da humanidade, mas o início da vitória da graça.

Enquanto Pedro continuava a proclamar a visão, orou para que todos os que ouvissem abraçassem o dom da graça, permitindo que o Espírito transformasse os seus corações e os restaurasse à plenitude da imagem do Criador.

Capítulo 34
Graça Divina

A visão abriu-se com uma luz radiante que envolveu Pedro, mais brilhante que o sol, mas gentil como um abraço amoroso. Pedro ficou admirado quando a luz revelou um fluxo de água pura a jorrar do trono do Criador, as suas correntes a brilhar com vida e misericórdia. Esta era a Graça Divina — imerecida, inesgotável e livremente concedida à humanidade.

"Esta é a minha graça", declarou uma voz cheia de ternura e autoridade. "É o meu amor derramado pelos indignos, a minha força aperfeiçoada na fraqueza, e a ponte que restaura os meus filhos a mim."

Pedro foi atraído para o riacho, o seu espírito dominado pela sua pureza. A água parecia viva, carregando a essência do amor do Criador. Ele viu-a fluir para os confins da Terra, alcançando até os lugares mais desolados e devastados.

"Nenhum coração está demasiado endurecido, nenhuma alma está perdida", disse a voz. "A minha graça é suficiente para todos. Ela busca, salva e restaura."

A visão mudou e Pedro compreendeu a necessidade da humanidade de graça. Ele viu pessoas sobrecarregadas pela culpa e vergonha, com as suas vidas fraturadas pelo pecado. Alguns trabalhavam incansavelmente, tentando ganhar o favor de Deus por meio de boas ações, enquanto outros se desesperavam, acreditando estar além da redenção.

"A minha graça não é conquistada", explicou a voz. "É um presente, dado livremente àqueles que o recebem. Não é por obras, mas pela fé que os meus filhos são curados."

Pedro voltou o olhar para a cruz, onde a plenitude da graça foi revelada. Ele viu o Messias, com os braços estendidos, a suportar o peso do pecado da humanidade. Por meio do Seu sacrifício, o abismo entre o Criador e a criação foi transposto e a graça foi estendida a todos.

"Esta é a fonte da graça", disse a voz, cheia de tristeza e triunfo, "o meu Filho deu a vida para que pudesses viver. Por meio do sangue dEle, a minha graça flui sem fim."

Foi então mostrado a Pedro o poder transformador da graça na vida dos fiéis. Ele viu relacionamentos quebrados restaurados, correntes de vícios despedaçadas e corações de pedra substituídos por corações de carne. A graça não era um presente passivo, mas uma força ativa que renovava e fortalecia aqueles que a abraçavam.

"A minha graça não te deixa como estás", declarou a voz. "Ela chama-te para crescer, para te tornares mais semelhante ao meu Filho. É o fogo que refina e o bálsamo que cura."

A visão alargou-se para incluir a comunidade de crentes, unidos pela graça que receberam. Pedro viu-os a estender a graça uns aos outros, a perdoar ofensas e a suportar os fardos uns dos outros. Por meio do amor e da unidade deles, a luz do Criador brilhou intensamente, atraindo outros para o rebanho.

"Assim como eu vos perdoei, também deveis perdoar uns aos outros", disse a voz. "A minha graça não é para acumular, mas para partilhar. Por meio dela, o mundo saberá que vocês são meus."

Foi-lhe mostrado como a graça sustentou os fiéis através de provações e dificuldades. Ele viu pessoas a suportar perseguições, cuja força era renovada pelo Espírito. Ele testemunhou momentos de fraqueza transformados em testemunhos do poder divino.

"A minha graça é suficiente", disse a voz, firme, mas reconfortante. "Na sua fraqueza, a minha força se aperfeiçoa. Confie em mim e encontrará tudo o que precisa."

Quando a visão terminou, Pedro contemplou o cumprimento final da graça na Nova Jerusalém. Os fiéis estavam diante do trono, com as vestes lavadas em branco no sangue do Cordeiro. Não havia mais culpa nem vergonha, apenas alegria e paz na presença do Criador.

"Este é o fim da obra da graça", declarou a voz. "Os meus filhos restaurados, a minha criação renovada e o meu amor completado."

Ao regressar da visão, Pedro transbordou de gratidão e admiração. A Graça Divina não era apenas o fundamento da salvação, mas o poder contínuo que sustentava e transformava os fiéis.

Pedro reuniu os fiéis e falou sobre a visão, com a voz firme, mas cheia de admiração.

"A graça é o dom do Criador", proclamou Pedro. "É imerecida, imparável e infalível. Recebam-na com humildade e vivam como aqueles que foram transformados pelo Seu amor. Estendam a graça uns aos outros, pois ao fazerem isso, refletem o coração do Criador."

O testemunho de Pedro comoveu profundamente os seus ouvintes. Alguns choraram de gratidão pela graça que os havia tirado das profundezas do desespero. Outros resolveram estender a graça àqueles que os haviam injustiçado, comprometendo-se a viver como vasos do amor do Criador.

Através das suas palavras, Pedro destacou a natureza transformadora e ilimitada da Graça Divina. Não se tratava de um conceito vazio, mas de uma realidade viva, uma força que alcançava os lugares mais sombrios e os iluminava.

Enquanto Pedro continuava a proclamar esta visão, orou para que todos os que ouvissem abraçassem o dom da graça, permitindo que esta renovasse os seus corações, restaurasse os seus relacionamentos e os aproximasse cada vez mais do Criador, cujo amor não conhece limites.

Capítulo 35
A Ressurreição dos Mortos

A visão desenrolou-se com uma quietude comovente, como se o próprio tecido da criação aguardasse um acontecimento monumental. Pedro encontrava-se numa vasta planície onde a terra parecia brilhar com expectativa. De repente, um som como o de uma trombeta ecoou pelo céu, fazendo o chão tremer. Era a ressurreição dos mortos — o momento em que os túmulos se abririam e a vida triunfaria sobre a morte.

"Esta é a minha promessa", declarou uma voz cheia de majestade e segurança. "Assim como o meu Filho ressuscitou, assim também todos os que nele crêem o farão. A morte não é o fim, mas o limiar da eternidade."

Pedro voltou o olhar para o horizonte, onde viu sepulturas a abrir-se. Do pó emergiram homens e mulheres, com formas transformadas e corpos radiantes de nova vida. Eram os justos, aqueles cuja fé estava no Criador. Os seus rostos brilhavam de alegria ao reunirem-se com os seus entes queridos e serem atraídos para a luz do Cordeiro.

"O perecível é revestido do imperecível", disse uma voz. "A vida engoliu a morte. Esta é a vitória do meu Filho, a derrota do último inimigo: a própria morte."

Foi mostrada a Pedro a ressurreição dos justos em toda a sua plenitude. Os seus corpos, outrora frágeis e quebrados, agora eram incorruptíveis, refletindo a glória do Criador. Não havia doença, nem dor, nem cicatrizes — apenas perfeição, pois foram feitos novos à Sua imagem.

"Eles são meus filhos", continuou a voz. "Por meio da fé, foram justificados e agora partilham da ressurreição do meu Filho. Esta é a realização da esperança que carregavam nos seus corações."

A visão mudou, revelando a ressurreição dos injustos. Pedro viu aqueles que rejeitaram o chamamento do Criador a erguerem-se para enfrentar o julgamento. Os seus corpos também foram restaurados, mas os seus rostos denotavam o peso do arrependimento e do medo. Eles estavam diante do trono, com as suas ações reveladas e os seus corações expostos.

"Esta é a ressurreição do julgamento", disse a voz, carregada de tristeza. "Eu dei-lhes vida, ofereci-lhes misericórdia, mas eles escolheram o caminho da rebelião. A minha justiça é perfeita e a separação deles é a escolha deles."

Foi mostrado a Pedro como a ressurreição se relacionava com o triunfo do Messias sobre a morte. Ele viu o túmulo vazio, a pedra removida e o Cristo ressuscitado a aparecer aos Seus seguidores. O poder que ressuscitou o Messias dos mortos era o mesmo poder que agora dava vida a todos os que nele creram.

"O meu Filho é as primícias da ressurreição", declarou a voz. "Por meio dele, as portas da morte são quebradas e a promessa da vida eterna é assegurada."

O espírito de Pedro foi atraído para os fiéis que aguardavam ansiosamente por esse momento. Viu mártires que haviam dado as suas vidas pela sua fé, cujos sacrifícios agora estavam coroados de glória. Viu santos que suportaram provações e tentações, cuja perseverança foi recompensada com alegria eterna.

"Eles venceram pelo sangue do Cordeiro e pela palavra do seu testemunho", disse a voz. "As suas lágrimas foram enxugadas, as suas tristezas transformaram-se em alegria, pois agora habitam comigo para sempre."

A visão revelou o ápice da ressurreição na Nova Jerusalém. Pedro viu os fiéis reunidos diante do trono, as suas vozes elevando-se em cânticos de louvor. Eles andavam em perfeita comunhão com o Criador, as suas vidas um reflexo do Seu amor e glória.

"Esta é a herança do meu povo", disse a voz. "Vida eterna na minha presença, onde a morte e a tristeza não existem."

Quando a visão terminou, Pedro compreendeu o significado da ressurreição no presente. Não se tratava apenas de uma esperança futura, mas de uma verdade transformadora que moldava a forma como os fiéis viviam. Ele viu pessoas a enfrentar provações com coragem, com a sua fé ancorada na certeza da ressurreição.

"A ressurreição é o fundamento da vossa esperança", disse a voz. "Viva como aqueles que ressuscitarão, pois a sua vida está escondida com Cristo em mim."

Quando Pedro regressou da visão, o seu coração transbordava de admiração e alegria. A ressurreição dos mortos não era apenas uma promessa, mas uma realidade garantida pela vitória do Messias.

Reuniu os fiéis e falou sobre a visão, com uma voz firme, mas cheia de paixão.

"A ressurreição é a nossa esperança", proclamou Pedro. "Por meio do Messias, a morte perdeu o seu poder de horror, e a sepultura, a sua vitória. Vivam nesta verdade, pois estão destinados à vida eterna. Que esta esperança molde os vossos dias, fortaleça os vossos corações e guie os vossos passos."

O testemunho de Pedro comoveu profundamente os seus ouvintes. Alguns choraram de alegria, transformando a tristeza pela perda de entes queridos na promessa de reencontro. Outros resolveram viver com um propósito maior, conscientes de que as suas vidas carregavam um significado eterno.

Pedro enfatizou o poder e a promessa da ressurreição através das suas palavras. Não se tratava apenas de um acontecimento a ser antecipado, mas de uma verdade que dava significado e força a cada momento da vida.

Enquanto Pedro continuava a proclamar esta visão, orou para que todos os que ouvissem abraçassem a esperança da ressurreição, vivendo na luz da eternidade e na certeza da vida na presença do Criador para sempre.

Capítulo 36
Céu e Inferno

A visão começou com um contraste gritante, enquanto Pedro se encontrava na encruzilhada da eternidade. De um lado, estava o Céu, radiante com a glória do Criador, um lugar de alegria e paz que transcende a compreensão humana. Do outro, pairava o Inferno, um reino de desespero e separação, cuja escuridão era um reflexo arrepiante das consequências da rebelião.

"Este é o destino de todas as almas", declarou uma voz, simultaneamente amorosa e justa. "O Céu é a recompensa dos fiéis, e o Inferno a consequência da rejeição. A minha misericórdia chama a todos, mas a escolha é deles."

Pedro ficou primeiro atraído pelo Céu, onde os portões da Nova Jerusalém estavam abertos. Além destes, avistou uma cidade de beleza incomparável, cujas ruas estavam pavimentadas com ouro transparente e cujas paredes estavam adornadas com todas as pedras preciosas. O Rio da Vida fluía do trono do Criador e a Árvore da Vida estava nas suas margens, dando frutos em todas as estações.

Os fiéis moviam-se livremente por este paraíso, radiantes de alegria. Os seus cânticos de louvor enchiam o ar, uma harmonia que ressoava com a glória do Criador.

"Esta é a morada do meu povo", disse uma voz terna e alegre. "Aqui, eles verão o meu rosto e me conhecerão como eu os conheço. Já não haverá dor nem morte, pois as coisas anteriores já passaram."

A visão mudou para revelar o propósito do Céu para além da sua beleza. Pedro viu os fiéis envolvidos na adoração, não como um ato passivo, mas como uma expressão dinâmica do seu amor e gratidão. Alguns cantavam, outros dançavam e outros ainda trabalhavam alegremente, considerando as suas tarefas um ato de devoção.

"O Céu não é ociosidade", explicou a voz. "É o cumprimento do propósito, a restauração da comunhão e a celebração do meu amor eterno."

Pedro compreendeu que o Céu não era apenas uma recompensa, mas um relacionamento — um lugar onde a presença do Criador era a fonte de toda a alegria e onde todos os desejos eram realizados apenas Nele.

Pedro voltou a atenção para o Inferno e o seu coração pesou com a tristeza do que viu. O reino era escuro e desolado, com uma paisagem árida e sem vida. Almas vagueavam, sobrecarregadas pelo peso das suas escolhas, pela sua separação do Criador, um tormento maior do que qualquer dor física.

"Isto é o Inferno", disse uma voz solene e inflexível. "É a ausência da minha presença, a consequência de uma vida de rebelião. Não gosto disso, mas a minha justiça não pode ser negada."

Foi mostrada a Pedro a natureza do sofrimento do Inferno. Não foi imposto, mas autoinfligido, um reflexo da rejeição de cada alma ao amor do Criador. Ele viu indivíduos consumidos pelo arrependimento, com os corações sobrecarregados pela perceção do que haviam perdido.

"Eles escolheram a escuridão em vez da luz", disse a voz. "A separação deles não é a minha vontade, mas a deles. Ainda agora, a minha misericórdia clama aos vivos, para que se voltem e sejam salvos."

A visão revelou a ligação entre o Céu e o Inferno e as escolhas feitas ao longo da vida. Pedro compreendeu que pequenas decisões — atos de gentileza ou crueldade, momentos de fé ou desafio — moldavam a trajetória de cada alma. Compreendeu que o Céu e o Inferno não eram destinos arbitrários, mas sim o ápice da orientação de uma vida.

"O caminho que leva à vida é estreito", disse a voz, "e poucos o encontram. No entanto, o meu chamamento é incessante e a minha graça é suficiente para todos os que se voltam para mim."

Foi então mostrado a Pedro o coração do Criador pela humanidade. Ele viu como os portões do Céu permaneceram abertos, um testemunho do desejo do Criador de que todos entrassem. Ele também viu a tristeza no rosto do Criador quando as almas escolheram partir, uma rejeição que deixava uma ferida no amor divino.

"Desejo que ninguém pereça", declarou a voz. "Mas o amor deve ser escolhido, e não o forçarei. Aos que me procuram, dou vida eterna. Àqueles que me rejeitam, honro a sua escolha."

Quando a visão terminou, Pedro viu a alegria eterna do Céu e a tristeza eterna do Inferno. Os fiéis caminhavam na luz do Cordeiro, celebrando a vida como uma homenagem ao amor do Criador. Os perdidos permaneceram na escuridão, conscientes da sua separação, um lembrete do custo da rebelião.

"Esta é a verdade da eternidade", disse a voz. "O Céu para aqueles que são meus, o Inferno para aqueles que me rejeitam. Escolham a vida para poderem viver."

Quando Pedro regressou da visão, o seu coração estava repleto de urgência e esperança. O Céu e o Inferno não eram meros conceitos, mas realidades que exigiam uma resposta.

Reuniu os fiéis e falou sobre o que tinha visto, com voz firme, mas cheia de paixão.

"O céu é a morada dos fiéis", proclamou Pedro. "É a alegria da comunhão eterna com o Criador. O inferno é a separação da alma da sua fonte de vida. Escolhamos o caminho que leva à vida, caminhando na fé e na obediência ao Cordeiro. A sua misericórdia estende-se a todos — abrace-a e viva."

O testemunho de Pedro comoveu profundamente os seus ouvintes. Alguns refletiram sobre as suas vidas, decidindo alinhar os seus corações com a vontade do Criador. Outros choraram de gratidão pela garantia do Céu e pelo convite para partilhar a sua alegria.

Pedro realçou, através das suas palavras, a realidade e o significado do Céu e do Inferno. Não se tratavam de ideias abstratas, mas sim dos destinos finais de cada alma, moldados pelas escolhas feitas ao longo da vida.

Enquanto Pedro continuava a proclamar esta visão, orou para que todos os que ouvissem escolhessem a luz do Céu, seguindo o caminho estreito que levava à alegria eterna e rejeitando a escuridão do Inferno, onde a separação do Criador era a maior tristeza de todas.

Capítulo 37
Vida após a morte

A visão começou num reino de transição, onde os limites entre o físico e o espiritual se confundiam num véu luminoso. Pedro encontrava-se no meio de uma expansão etérea, onde as almas passavam do tempo para a eternidade. As questões da vida após a morte eram muito pertinentes, enquanto ele observava o destino da humanidade para além do último suspiro.

"Este é o mistério revelado", declarou uma voz, simultaneamente terna e autoritária. "A morte não é o fim, mas uma porta. Por meio dela, cada alma entra na eternidade, onde as suas escolhas e a sua fé se concretizam."

Pedro voltou o olhar para aqueles que tinham partido desta vida. Ele viu os justos, carregados por anjos, dirigirem-se à presença do Criador, com os rostos radiantes de alegria. Eram os fiéis que tinham andado com o Cordeiro, cujas vidas refletiam a Sua luz. Entraram num reino de paz e descanso, deixando para trás os seus fardos, com os seus corações cheios de esperança eterna.

"Para aqueles que morrem em mim, não há morte, mas sim vida eterna. Estão comigo onde estou e nada os separará do meu amor."

A visão mudou para revelar o estado daqueles que rejeitaram o chamado do Criador. Pedro viu-os a entrar num reino sombrio, com os rostos marcados pelo arrependimento e pelo medo. Vagavam na ausência de luz, sobrecarregados pelo peso das suas escolhas, mas ainda ao alcance da misericórdia do Criador.

"A minha voz continua a ecoar, mesmo aqui", disse a voz, triste, mas resoluta. "Para aqueles que se voltam para mim, a minha graça é suficiente. No entanto, muitos apegam-se ao orgulho, recusando a vida que lhes ofereço."

Foi então revelada a Pedro a ligação entre a vida na Terra e o estado eterno da alma. Ele compreendeu como as escolhas feitas na vida terrena moldaram o destino eterno. Os atos de amor, fé e obediência criaram uma base para a alegria eterna, ao passo que a rebelião, a apatia e o egoísmo conduziram à separação e à tristeza.

"A vida é uma preparação para a eternidade", explicou a voz. "Cada momento é um presente, cada escolha um eco na eternidade. Chamo a humanidade para viver com isso no coração, para trilhar o caminho da vida que leva a mim."

A visão aprofundou-se quando Pedro compreendeu o papel do Messias na vida após a morte. Ele viu o Cordeiro parado no limiar da eternidade, com os braços abertos para receber todos os que a Ele se dirigiam. Através da Sua morte e ressurreição, Ele removeu o aguilhão da morte, transformando-o numa passagem para a vida.

"O meu Filho triunfou sobre a morte", declarou a voz. "Por meio dele, os portões da eternidade estão abertos a todos os que nele creem. Nele está a promessa da ressurreição e a certeza da vida eterna."

Pedro testemunhou a realidade da vida após a morte aos fiéis. Ele viu-os a habitar na presença do Criador, com as suas vidas cheias de propósito e alegria. Adoraram com abandono, exploraram as maravilhas da nova criação e experimentaram a plenitude da comunhão com o Todo-Poderoso.

"Esta é a promessa cumprida", disse a voz. "Nenhum olho viu, nenhum ouvido ouviu, nenhum coração imaginou as coisas que preparei para aqueles que me amam. Esta é a alegria da vida eterna."

A visão voltou-se para a separação final dos justos e dos ímpios. Pedro viu o Grande Trono Branco, onde cada alma se encontrava diante do Criador. Os justos entraram na alegria eterna, enquanto os ímpios, que escolheram a separação, enfrentaram as consequências da sua rebelião.

"A vida após a morte é uma realidade para todos", disse uma voz. "Para os fiéis, é a vida eterna na minha presença. Para os impenitentes, é a existência separada de Mim, uma consequência da sua escolha. A minha justiça é perfeita e a minha misericórdia perdura, mas a escolha deve ser feita em vida."

Quando a visão terminou, Pedro viu a esperança da ressurreição. Ele viu sepulturas a abrir-se e os fiéis a levantar-se, com os seus corpos transformados e unidos às suas almas. Entraram no novo céu e na nova terra, onde a morte e a tristeza já não existiam.

"Este é o ápice do meu plano", declarou a voz. "Vida sem fim, alegria ininterrupta e comunhão restaurada. A morte é tragada pela vitória."

Quando Pedro regressou da visão, o seu coração estava repleto de urgência e esperança. A vida após a morte não era um mistério a temer, mas uma promessa a abraçar.

Reuniu os fiéis e falou sobre o que tinha visto, com voz firme, mas cheia de paixão.

"A vida após a morte é a realidade da eternidade", proclamou Pedro. "Por meio do Cordeiro, temos a certeza de que viveremos na presença do Criador. Vivamos com essa esperança, caminhando na fé e preparando os nossos corações para o dia em que pisaremos na Sua luz eterna. A morte não é o fim, mas o início."

O testemunho de Pedro comoveu profundamente os seus ouvintes. Alguns encontraram conforto na promessa de reencontrar os entes queridos que os precederam. Outros decidiram viver de forma mais fiel, conscientes de que as suas ações tinham um significado eterno.

Pedro enfatizou a esperança e a responsabilidade da vida após a morte através das suas palavras. Não se tratava apenas de uma continuação, mas de um cumprimento — um momento em que tudo o que havia sido prometido seria realizado.

Enquanto Pedro continuava a proclamar esta visão, orou para que todos os que ouvissem vivessem na luz da eternidade, abraçando a certeza da vida após a morte e a alegria de habitar para sempre na presença do Criador.

Capítulo 38
Reencarnação

A visão revelou-se com um ar de curiosidade e admiração. Pedro encontrava-se num espaço onde convergiam as questões mais profundas da humanidade sobre a existência e a eternidade. Diante dele, apresentaram-lhe o conceito de reencarnação — não como uma verdade, mas como uma crença partilhada por muitos que procuram compreender o mistério da vida, da morte e da jornada da alma.

"Este é o caminho em que alguns acreditam", disse a voz, cheia de compaixão e clareza. "No entanto, a minha verdade não está nos ciclos, mas na redenção. Não ofereço repetição, mas renovação e vida eterna."

Pedro voltou o seu olhar para as cenas da busca da humanidade por significado. Ele viu pessoas de todas as eras e culturas a lutar contra a impermanência da vida. A reencarnação surgiu como uma tentativa de conciliar a brevidade da vida com o anseio da alma pela eternidade. Era uma crença que prometia segundas oportunidades, em que a alma poderia aprender e crescer por vidas sucessivas.

"O coração busca entendimento", disse a voz. "Porém, os meus caminhos são mais altos que os deles e a minha verdade ultrapassa as suas imaginações. A reencarnação é um reflexo do desejo deles por propósito, mas não revela a plenitude do meu plano."

A visão mudou para o design do Criador para a alma. Pedro observou o momento em que a vida foi soprada em Adão, tornando-o um ser vivo, o início da criação da humanidade. Ele testemunhou a natureza única e insubstituível de cada alma, criada à imagem do Criador e dotada de significado eterno.

"Cada alma é preciosa", declarou a voz. "Contei os cabelos das suas cabeças e escrevi os seus nomes nas palmas das minhas mãos. As suas vidas não são ciclos, mas histórias, cada uma delas uma parte da minha tapeçaria eterna."

Pedro compreendeu as limitações da reencarnação como crença. Ele via indivíduos sobrecarregados pelo peso de vidas passadas, que lutavam incansavelmente pela perfeição sem garantia de redenção. Os ciclos não ofereciam um caminho claro para a reconciliação com o Criador, deixando a alma numa busca perpétua por significado.

"A minha graça é suficiente", disse a voz, firme, mas terna. "Não há necessidade de ciclos sem fim. Por meio do meu Filho, fiz todas as coisas novas. Uma vida é suficiente quando é vivida em mim."

A visão voltou-se para a resposta do Evangelho à reencarnação. Pedro viu o Messias, com os braços estendidos na cruz, a carregar os pecados da humanidade. O Seu sacrifício foi final, oferecendo redenção completa e a promessa de vida eterna a todos os que acreditassem.

"A reencarnação não pode limpar o pecado", declarou a voz. "Só o sangue do Cordeiro o pode fazer. Nele, não há necessidade de esforço, pois a salvação é um dom concedido gratuitamente a todos os que o aceitam."

Foi mostrada a Pedro a promessa da ressurreição como resposta do Criador ao anseio eterno da alma. Ele viu os fiéis a erguer-se ao som da trombeta, os seus corpos transformados e as suas almas reunidas com o Criador. Não se tratava de um ciclo de retorno, mas de uma culminação gloriosa, em que a alma entrava no seu lar eterno.

"O meu plano não é repetição, mas restauração", disse a voz. "Por meio da ressurreição, a morte é derrotada e a vida é eterna. Este é o destino que ofereço a todos os que vêm a mim."

A visão revelou como a crença na reencarnação poderia servir de trampolim para alguns procurarem verdades mais profundas. Pedro viu pessoas que, enquanto procuravam significado através da reencarnação, acabaram por encontrar o Evangelho e abraçaram a promessa do Criador de vida eterna.

"Eu encontro-os onde eles estão", disse a voz, cheia de compaixão. "A vossa busca por significado não é ignorada, mas chamo-vos para além disso. Guio-os até à verdade, onde as suas perguntas encontram resposta em mim."

Quando a visão terminou, Pedro recordou-se do convite do Criador à humanidade inteira. A reencarnação refletia o anseio da alma por esperança e crescimento, mas era incompleta sem a verdade da redenção do Messias.

"Este é o meu chamado", declarou a voz. "Venham a mim todos os que estão cansados e sobrecarregados, e eu darei-lhes descanso. Em mim, a busca termina e a vida eterna começa."

Quando Pedro regressou da visão, o seu coração estava cheio de compaixão por aqueles que procuravam significado na reencarnação. Reuniu os fiéis e falou sobre o que tinha visto, com uma voz firme, mas cheia de entendimento.

"A reencarnação é um reflexo do anseio da humanidade pela eternidade", proclamou Pedro. "No entanto, ela fica aquém da verdade revelada no Messias. Por meio d'Ele, não nos são oferecidos ciclos, mas um único destino eterno com o Criador. Abrace o dom da vida e encontrará descanso para a sua alma."

O testemunho de Pedro comoveu profundamente os seus ouvintes. Alguns refletiram sobre as suas próprias buscas por significado, encontrando segurança na promessa de redenção do Evangelho. Outros decidiram partilhar a verdade com aqueles que acreditavam na reencarnação, oferecendo a esperança da vida eterna através do Cordeiro.

Pedro enfatizou, através das suas palavras, o desejo do Criador de que cada alma encontre o seu lar Nele. A busca de significado não deveria ser condenada, mas sim realizada na verdade do Evangelho.

Enquanto Pedro continuava a proclamar esta visão, orou para que todos os que ouvissem abraçassem a promessa do Criador, afastando-se do ciclo de incerteza e entrando na certeza da vida eterna na Sua presença.

Capítulo 39
Purgatório

A visão desdobrou-se num reino de paradoxo, um espaço onde a luz e a sombra se entrelaçavam, onde as almas pareciam suspensas entre o temporal e o eterno. Pedro encontrava-se no meio dessa expansão etérea, com o espírito carregado pelo que estava diante dele. Esse era o conceito de Purgatório, uma crença mantida por muitos como um estado intermediário onde as almas eram purificadas antes de alcançarem o Céu.

"Isto é um reflexo do anseio de santidade", declarou a voz, cheia de compaixão e clareza. "No entanto, a minha graça e o sacrifício do meu Filho são suficientes. A purificação não está vinculada a este reino, mas ao meu Espírito e à minha verdade."

Pedro voltou o seu olhar para as almas dentro dessa visão do Purgatório. Expressavam esperança e tristeza, com as suas formas aparentemente aprimoradas por um fogo invisível. A crença era que estavam a ser purificadas de imperfeições, preparando-se para entrar na presença do Criador.

"O desejo de ser puro diante de Mim não é descabido", disse a voz. "Porém, a obra de purificação é realizada através do sangue do Cordeiro, não através do esforço humano ou de um estado intermediário."

A visão mudou para as origens dessa crença. Pedro compreendeu como o conceito de Purgatório surgiu da consciência da humanidade sobre a sua imperfeição e o seu anseio por uma comunhão mais profunda com o Criador. Foi uma resposta à tensão entre a santidade do Céu e os efeitos persistentes do pecado.

"A humanidade compreende o peso do pecado", explicou a voz. "No entanto, subestimam o poder da minha graça. O sacrifício do meu Filho é completo e, por meio dele, não há condenação para aqueles que estão em Cristo Jesus."

Foi mostrada a Pedro a suficiência da obra do Messias. Ele viu a cruz, onde o peso do pecado e da culpa foi suportado pelo Cordeiro. O sangue do Messias foi derramado, purificando aqueles que nele creram e concedendo-lhes acesso direto ao Criador.

"Está consumado", declarou a voz. "O preço foi pago na totalidade. Aqueles que são meus são lavados, não pelo fogo, mas pela graça, não pelo esforço, mas pela fé."

A visão voltou-se para a vida do crente na Terra. Pedro viu como o Espírito trabalhava nos fiéis, santificando-os e conformando-os à imagem do Messias. Embora não sem luta, este processo era fortalecido pela presença e pelo amor do Criador.

"A santificação é a obra do meu Espírito", disse a voz. "Começa na vida, não após a morte. Aqueles que andam comigo são refinados pela minha verdade, preparados para a eternidade através da comunhão diária comigo."

Pedro ficou fascinado com a esperança da ressurreição. Ele viu os fiéis a erguer-se em glória, com as suas imperfeições transformadas num instante. Eles

eram aperfeiçoados, unidos na plenitude da redenção do Criador, os seus corpos e as suas almas.

"Esta é a transformação final", declarou a voz. "Num piscar de olhos, o corruptível é revestido de incorruptibilidade, e o mortal, de imortalidade. Não há demora, pois a minha obra está completa neles através do poder do meu Filho."

Foi mostrado a Pedro que a crença no Purgatório, embora bem-intencionada, frequentemente obscurecia a verdade do Evangelho. Ele viu indivíduos sobrecarregados pelo medo, que acreditavam que a sua entrada no Céu dependia do seu próprio mérito ou das orações de outros.

"O medo não tem lugar no meu amor perfeito", disse a voz. "Não dei aos meus filhos um espírito de medo, mas sim de poder, amor e uma mente sã. A minha salvação não é parcial, mas completa, dada livremente a todos os que nela creem."

A visão alargou-se para revelar o desejo do Criador de que a humanidade confiasse plenamente na Sua graça. Pedro viu os fiéis viverem com segurança, a sua esperança ancorada na obra consumada do Messias. Eles não se esforçaram para alcançar a purificação, mas descansaram no conhecimento de que o Cordeiro já havia realizado tudo o que era necessário.

"Venham corajosamente ao meu trono de graça", disse a voz, cheia de amor. "Não há obstáculos nem demoras. Por meio do meu Filho, você é bem-vindo à minha presença."

Quando a visão terminou, Pedro foi lembrado do coração do Criador pelo seu povo. A crença no Purgatório nasceu do anseio de santidade, mas era desnecessária à luz do poder do Evangelho. O Espírito trabalhou dentro dos fiéis durante as suas vidas terrenas, preparando-os para a alegria eterna do Céu.

"A minha graça é suficiente", declarou a voz. "Confie em mim e encontrará descanso. Não há necessidade de um estado intermediário, pois o meu Filho abriu o caminho para a vida eterna."

Quando Pedro regressou da visão, o seu coração estava cheio de compaixão e urgência. Reuniu os fiéis e falou sobre o que tinha visto, com uma voz firme, mas cheia de graça.

"A obra de purificação é realizada por meio do sangue do Cordeiro", proclamou Pedro. "Não há necessidade de temor ou esforço, pois o Seu sacrifício é suficiente. Andem na fé, confiando na Sua graça, e vivam com a certeza do Seu amor. Para aqueles que estão em Cristo, o Céu aguarda sem demora."

O testemunho de Pedro comoveu profundamente os seus ouvintes. Alguns choraram de alívio por se verem libertos do fardo da incerteza quanto à sua salvação. Outros decidiram partilhar a verdade da obra completa do Messias com aqueles que acreditavam no Purgatório.

Pedro realçou, nas suas palavras, a suficiência do Evangelho e a alegria de viver em liberdade. O plano do Criador não era de atraso, mas de comunhão imediata, onde a fé no Messias trouxe uma restauração completa.

Enquanto Pedro continuava a proclamar a visão, orou para que todos os que ouvissem descansassem na obra consumada do Cordeiro, caminhando na luz da Sua graça e preparando os seus corações para a alegria eterna de habitar com o Criador para sempre.

Capítulo 40
Limbo

A visão abriu-se com um reino suspenso em quietude, um lugar nem de tormento nem de alegria. Era um estado de espera, em que as almas permaneciam na incerteza. Pedro encontrava-se na sua borda, o coração pesado com perguntas sobre este conceito de Limbo — um lugar imaginado para aqueles que estão presos entre a salvação e a separação do Criador.

"Esta é uma construção da compreensão humana", declarou uma voz gentil, mas firme. "Ela reflete o anseio por respostas, mas a minha verdade não é encontrada na ambiguidade. A minha justiça é perfeita, a minha misericórdia é infinita e o meu plano está completo."

Pedro voltou o olhar para as almas neste reino imaginário. Elas não pareciam perdidas no desespero nem radiantes de alegria; o seu estado era marcado por um anseio por algo que estivesse para além. Esta crença, frequentemente associada a crianças não batizadas ou àquelas que viveram sem conhecimento do Criador, era uma tentativa de conciliar a justiça divina e a misericórdia.

"O coração procura explicar o que não consegue compreender", disse a voz. "No entanto, os meus caminhos são mais elevados e a minha graça ultrapassa todo o entendimento. Não há Limbo, pois o meu plano não deixa nenhuma alma esquecida ou abandonada."

A visão mudou para revelar a origem dessa crença. Pedro observou a igreja primitiva a debater questões sobre o destino daqueles que não tinham ouvido o Evangelho ou que tinham falecido sem receber o batismo. O limbo surgiu como uma tentativa de proporcionar esperança, mas estava enraizado na incerteza em vez da certeza das promessas do Criador.

"A minha justiça não é incompleta", explicou a voz. "Não estou preso a rituais ou limitações humanas. Vejo o coração e a minha misericórdia alcança os cantos mais distantes."

Foi mostrada a Pedro a suficiência da graça do Criador. Ele viu o Messias, com os braços abertos para receber todos os que a Ele se dirigiam, independentemente das suas circunstâncias. O sacrifício do Cordeiro não era limitado pela compreensão humana, mas estendido a todos os que procuravam o Criador, mesmo de formas não vistas por outros.

"O sangue do meu Filho cobre todos os pecados", declarou a voz. "Para aqueles que são meus, não há barreiras nem ambiguidades. Chamo cada alma para Mim e sou fiel para completar o trabalho que nelas comecei."

A visão voltou-se para o destino das crianças e de todos os que não tiveram oportunidade de responder ao Evangelho em vida. Pedro viu-os nos braços do Criador, a inocência abraçada pelo Seu amor. A voz falou com profunda compaixão:

— Eu sou o Deus dos vivos e dos mortos. A minha misericórdia é suficiente para eles, que descansam sob os meus cuidados. Não temas por eles, pois são meus e não permitirei que nenhum daqueles que me foram confiados se perca."

Foi-lhe mostrado como a justiça e a misericórdia do Criador funcionavam em perfeita harmonia. Ele compreendeu o equilíbrio entre responsabilidade e graça, em que cada alma não era julgada segundo padrões humanos, mas pela infinita sabedoria e amor do Criador.

"Não há Limbo", disse a voz. "Só há vida ou separação, comunhão comigo ou rejeição da minha luz. Desejo que ninguém pereça e o meu chamado alcança todos os que têm ouvidos para ouvir."

Quando a visão terminou, Pedro foi lembrado da importância de confiar no plano do Criador. Embora o conceito de Limbo tenha nascido da compaixão, ficou aquém da verdade revelada no Evangelho. A justiça do Criador era completa, a Sua misericórdia ilimitada e o Seu amor pela humanidade, infinito.

"A minha verdade não reside na incerteza", declarou a voz. "Confie em mim, pois sou o autor e consumador da fé. Não deixo nenhuma alma sem ser vista, nenhum coração sem ser tocado pelo meu chamado."

Quando Pedro regressou da visão, o seu coração estava repleto de clareza e conforto. Reuniu os fiéis e falou sobre o que tinha visto, com uma voz firme, mas cheia de compaixão.

"O Limbo não é o plano do Criador", proclamou Pedro. "A Sua justiça e misericórdia são completas e o Seu amor alcança todos os que O procuram. Acreditem nas Suas promessas e confiemos na Sua graça, pois nenhuma alma é esquecida, nenhuma vida está fora do Seu cuidado."

O testemunho de Pedro comoveu profundamente os seus ouvintes. Alguns encontraram consolo na certeza de que o amor do Criador se estendia a todos, mesmo àqueles para quem as respostas pareciam ilusórias. Outros decidiram viver com mais coragem a sua fé, partilhando o Evangelho com aqueles que ainda não tinham ouvido.

Pedro enfatizou a perfeição da justiça e da misericórdia do Criador através das suas palavras. O Evangelho não deixou espaço para incertezas, apenas a certeza de que cada alma era conhecida e amada por Aquele que as criou.

Enquanto Pedro continuava a proclamar esta visão, orou para que todos os que ouvissem descansassem na certeza do plano do Criador, confiando na Sua justiça perfeita e na Sua infinita misericórdia enquanto trilhavam o caminho da fé em direção à vida eterna.

Capítulo 41
Predestinação

A visão começou numa vasta extensão de luz e sombra, onde o passado, o presente e o futuro se entrelaçavam como uma tapeçaria intrincada. Pedro encontrava-se na fronteira desse mistério divino, o seu espírito humilhado pela enormidade do que tinha diante de si. Tratava-se da doutrina da predestinação — a crença de que o destino da humanidade está predeterminado pela vontade soberana do Criador.

"Este é o meu plano", declarou uma voz, ressonante com autoridade e amor. "Eu sei o fim desde o início. No entanto, a minha presciência não nega a escolha da humanidade, pois o amor deve ser dado livremente."

Pedro voltou o olhar para a tapeçaria, onde fios de cada vida humana eram tecidos com propósito e intenção. Cada fio era único, o seu padrão determinado pela sabedoria do Criador. No entanto, as mãos que tecem a tapeçaria deixam espaço para as escolhas das almas que ela representa, moldando os seus destinos dentro dos limites da soberania divina.

"Eu sou o Alfa e o Ômega", disse a voz. "Eu seguro todas as coisas nas Minhas mãos, mas chamo cada alma para escolher a vida, para seguir os Meus caminhos e para encontrar o seu lugar no Meu plano eterno."

A visão mudou, revelando a tensão entre a predestinação divina e o livre-arbítrio humano. Pedro viu pessoas paradas em encruzilhadas, cujas escolhas moldavam as suas vidas e destinos.

No entanto, também viu a mão do Criador a guiar, sustentar e a trabalhar todas as coisas juntas para o bem.

"A predestinação não anula a escolha", explicou a voz. "Ela garante que os meus propósitos se cumpram, mesmo através das decisões da minha criação. Sou soberano, mas honro a liberdade que concedi."

Foi-lhe mostrado o papel do Messias na predestinação. Ele viu o Cordeiro, escolhido antes da criação do mundo, a carregar os pecados da humanidade e a abrir o caminho para todos entrarem no plano do Criador.

"O meu Filho é a pedra angular da predestinação", declarou a voz. "Por meio dele, predestinei um povo para mim, escolhido não por mérito, mas pela graça, para que refletisse a minha glória e partilhasse a minha vida eterna."

A visão voltou-se para os fiéis, aqueles que responderam ao chamado do Criador. Pedro viu as suas vidas marcadas pela confiança, perseverança e a certeza de que estavam nas mãos do Criador.

"Eles são os meus eleitos", disse a voz, terna e resoluta. "Eu chamei-os, justifiquei-os e glorifiquei-os. Ninguém os pode arrebatar da minha mão, pois o meu plano é inabalável e o meu amor é eterno."

Pedro voltou o olhar para aqueles que rejeitaram o chamado do Criador. Ele viu os seus caminhos marcados pela rebelião e obstinação, levando-os a afastar-se da luz. No entanto, mesmo aqui, a tristeza do Criador era evidente, o seu desejo de que ninguém perecesse brilhando através da visão.

"Não tenho prazer na morte dos perversos", disse uma voz. "O meu chamamento é universal, a minha misericórdia é infinita. No entanto, o amor não pode ser compelido e a escolha de cada um determina o seu destino."

A visão expandiu-se para revelar a complexidade da predestinação na compreensão humana. Pedro viu teólogos e crentes a debater a doutrina, alguns encontrando segurança na soberania do Criador, outros a debater as suas implicações para a liberdade e responsabilidade humanas.

"Isto é um mistério", disse a voz. "Os meus caminhos são mais altos que os vossos caminhos, os meus pensamentos mais altos que os vossos pensamentos. Confia na minha bondade, pois opero todas as coisas de acordo com o conselho da minha vontade."

Quando a visão terminou, Pedro recordou-se do propósito final do Criador na predestinação: dar glória ao Seu nome e atrair a humanidade para um relacionamento com Ele. A tensão entre soberania e livre-arbítrio não era uma contradição, mas um reflexo da infinita sabedoria e amor do Criador.

"O meu plano é perfeito", declarou a voz. "Predestinei o meu povo para se assemelhar à imagem do meu Filho, para que possam viver na minha luz e partilhar a minha alegria para sempre."

Quando Pedro regressou da visão, o seu coração transbordava de reverência e esperança. A predestinação não era um conceito a temer, mas uma verdade a abraçar, fundamentada no amor e na soberania do Criador.

Reuniu os fiéis e falou sobre o que tinha visto, com voz firme, mas cheia de admiração.

"A predestinação é a obra do Criador", proclamou Pedro. "É o Seu plano atrair todos os que creem para o Seu propósito eterno. Confie na Sua soberania, siga a Sua luz e saiba que o seu destino está seguro Nele. O Seu amor é inabalável, o Seu chamamento é interminável — responda a Ele e viva."

O testemunho de Pedro comoveu profundamente os seus ouvintes. Alguns encontraram conforto na certeza de estarem a ser mantidos dentro do plano do Criador, enquanto outros refletiram sobre o peso das suas escolhas e o chamado para viverem com fé.

Pedro enfatizou a harmonia entre a soberania divina e a responsabilidade humana através das suas palavras. A predestinação não era uma negação do livre-arbítrio, mas um testemunho da capacidade do Criador de trabalhar por meio de cada escolha, levando os Seus propósitos à realização.

Enquanto Pedro continuava a proclamar esta visão, orou para que todos os que ouvissem descansassem no conhecimento do plano perfeito do Criador, caminhando em confiança e obediência enquanto abraçavam o seu lugar no desígnio eterno.

Capítulo 42
O Apocalipse na Cultura Popular

A visão começou com um panorama da criatividade humana, abrangendo séculos e continentes. Pedro encontrava-se no cruzamento da arte, da literatura, da música e do cinema, cada forma de arte ecoando o fascínio da humanidade pelo Apocalipse. Neste reino, a revelação divina do fim dos tempos havia sido interpretada, reimaginada e recontada inúmeras vezes, entrelaçando-se no tecido da cultura popular.

"É assim que a minha mensagem foi refratada pela imaginação humana", declarou a voz, com um tom simultaneamente curioso e solene. "Algumas refletem a verdade, outras a distorcem, mas todas revelam o desejo duradouro da humanidade de compreender o que está para além do véu do tempo."

Pedro voltou o olhar para manuscritos antigos e obras de arte inspiradas pelo Apocalipse. Viram-se textos iluminados a representar o triunfo do Cordeiro, afrescos a retratar o julgamento final e hinos que davam voz à esperança da vida eterna. Essas criações estavam enraizadas na reverência, com a intenção de inspirar fé e admiração.

"Por meio dessas obras", disse a voz, "a minha mensagem foi preservada e partilhada. Elas refletem o anseio de esperança e a certeza das minhas promessas."

A visão mudou para interpretações mais modernas. Pedro observou romances e filmes que dramatizavam o Apocalipse, muitas vezes misturando temas bíblicos com narrativas especulativas. Ele testemunhou grandes batalhas entre o bem e o mal, representações vívidas da ira divina e histórias que procuravam explorar a resiliência da humanidade perante a destruição final.

"Aqui, a criatividade procura lidar com a minha revelação", explicou a voz. "No entanto, na busca pelo espetáculo, a minha verdade é por vezes ofuscada. O que é destinado a inspirar arrependimento e fé torna-se um conto de medo e entretenimento."

Pedro observou como o Apocalipse tinha sido utilizado como uma ferramenta de advertência e persuasão. Ele viu pregadores de rua, artistas e cineastas que usavam imagens vívidas de julgamento para incitar as pessoas à fé. No entanto, também observou como alguns usavam o Apocalipse como uma arma de medo, distorcendo a sua mensagem de esperança e redenção.

"A minha palavra não é uma arma de terror", declarou a voz. "É um chamado à vida, um farol de esperança para os fiéis. Que aqueles que falam da minha vinda o façam com amor e verdade, não com manipulação ou desespero."

A visão voltou-se para os temas duradouros do Apocalipse na cultura popular. Pedro contemplou o fascínio da humanidade pela luta entre o bem e o mal, a esperança de justiça e a promessa de renovação. Esses elementos ressoaram profundamente, transcendendo o tempo e a cultura, refletindo as verdades eternas inscritas no plano do Criador.

"Eles nem sempre me chamam", disse a voz, "mas os seus corações ecoam a minha verdade. O anseio por justiça, a esperança de renovação, a crença no triunfo do bem — essas são as sementes da minha palavra, plantadas em cada alma."

Pedro reconheceu os perigos da distorção. Ele observou obras que banalizavam o Apocalipse, reduzindo-o a mero entretenimento, e outras que distorciam a sua mensagem para benefício pessoal ou político. Essas interpretações erróneas frequentemente levavam à confusão, ao medo ou ao cinismo, afastando os corações do amor do Criador.

"Guarde a minha verdade", disse a voz. "Não deixes que seja diluída ou mal utilizada. Fala do Apocalipse como ele foi revelado: de forma solene, mas também cheia de esperança, pois é o ápice do meu plano de habitar com o meu povo para sempre."

A visão revelou o potencial da cultura popular para servir de ponte para o Evangelho. Pedro viu histórias e canções que abriram portas para conversas sobre a fé, levando os que procuram a explorar a palavra do Criador. Mesmo quando imperfeitas, essas obras tinham o poder de despertar a curiosidade e o desejo.

"Eu uso todas as coisas para o meu propósito", declarou a voz. "Mesmo no que é falho e fragmentado, o meu Espírito move-se, chamando corações para Mim. Que o meu povo seja sábio e use essas oportunidades para partilhar a minha verdade."

Quando a visão terminou, Pedro foi lembrado da responsabilidade dos fiéis de se envolverem com a cultura popular de forma ponderada. Ele compreendeu a importância do discernimento, de separar a verdade da distorção e de usar o Apocalipse como meio de apontar os outros para o amor e a redenção do Criador.

"Sejam as minhas testemunhas", disse a voz. "Falem da minha vinda com graça e verdade. Que as vossas vidas reflitam a esperança das minhas promessas, para que outros possam ver e acreditar."

Quando Pedro regressou da visão, o seu coração estava repleto de cautela e esperança. O Apocalipse era uma força poderosa na cultura popular, capaz de inspirar fé ou espalhar medo, dependendo da forma como era abordado.

Pedro reuniu os fiéis e falou sobre o que tinha visto, com voz firme, mas cheia de convicção.

"O Apocalipse não é uma história para entreter, mas uma verdade para transformar", proclamou Pedro. "Envolva-se com a cultura popular com sabedoria, usando-a como uma ponte para partilhar o Evangelho. Fale do Cordeiro e da Sua vitória, e deixe que as Suas palavras e ações reflitam a esperança da Sua vinda."

O testemunho de Pedro comoveu profundamente os seus ouvintes. Alguns refletiram sobre como consumiam ou partilhavam histórias do Apocalipse, decidindo abordar essas narrativas com maior discernimento. Outros sentiram-se inspirados a criar obras de arte e narrativas que honrassem a verdade do Criador e atraíssem outros para a Sua luz.

Pedro realçou, através das suas palavras, o poder da cultura popular para influenciar corações e mentes. O Apocalipse, quando partilhado fielmente, não era apenas uma história de julgamento, mas uma mensagem de esperança e renovação para todos os que se voltavam para o Criador.

Enquanto Pedro continuava a proclamar a visão, orou para que todos os que ouvissem se envolvessem com a cultura popular como embaixadores do Evangelho, aproveitando todas as oportunidades para partilhar a esperança da vitória do Cordeiro e a alegria do reino eterno do Criador.

Capítulo 43
O Significado do Apocalipse

A visão começou com um panorama abrangente da criação, desde a primeira centelha da existência até à culminação do plano do Criador. Pedro encontrava-se no meio dessa grande narrativa, o seu espírito sintonizado com o profundo significado do Apocalipse. Não se tratava apenas de um fim, mas de uma revelação — uma revelação divina do propósito do Criador para a humanidade e para todas as coisas.

"Esta é a minha história", declarou uma voz, com tanto autoridade como ternura. "O Apocalipse não é destruição por si só, mas o cumprimento da minha promessa de renovar todas as coisas."

Pedro voltou o seu olhar para os ciclos da história, onde as escolhas da humanidade moldaram o destino do mundo. Ele via momentos de fé e rebelião, triunfo e tragédia. O Apocalipse, como lhe tinha sido revelado, era a resolução desses ciclos — um tempo em que a justiça seria feita, a misericórdia estendida e a criação restaurada.

"É o clímax da história que escrevi", disse a voz. "Não é apenas o fim dos tempos, mas o início da eternidade, onde o meu povo habita comigo para sempre."

A visão mudou para o Apocalipse como uma revelação do carácter do Criador. Pedro compreendeu a justiça do Criador no julgamento do pecado, a Sua misericórdia no apelo ao arrependimento e o Seu amor na promessa de redenção. Cada aspeto do Apocalipse refletiu uma faceta da natureza do Criador, aproximando a humanidade da compreensão do Seu coração.

"Os meus caminhos não estão ocultos", explicou a voz. "Por meio do Apocalipse, revelo a minha santidade, a minha paciência e o meu desejo de que todos alcancem a vida. É um convite para me conhecerem como eu sou, confiarem no meu plano e seguirem a minha luz."

O Apocalipse foi mostrado a Pedro como uma mensagem de esperança para os fiéis. Ele testemunhou as promessas do Messias cumpridas: a derrota do mal, a ressurreição dos mortos e o estabelecimento do reino eterno. Para aqueles que creram, o Apocalipse não foi uma mensagem de medo, mas de vitória e segurança.

"Para o meu povo, o Apocalipse não é um aviso, mas uma promessa", declarou a voz. "É o triunfo do Cordeiro, a restauração de tudo o que foi perdido e a realização de todos os desejos."

A visão centra-se na relevância universal do Apocalipse. Pedro compreendeu como os seus temas ressoavam em todas as gerações, abordando os medos e esperanças mais profundos da humanidade. O anseio por justiça, a necessidade de renovação e a promessa de um futuro melhor entrelaçaram-se no tecido do Apocalipse, tornando-o uma mensagem para todos.

"A minha palavra é eterna", disse a voz. "Embora os tempos e as culturas mudem, a verdade do Apocalipse perdura. Ela fala a cada coração, chamando-os a procurar-me e a encontrar o seu lugar no meu plano."

O espírito de Pedro foi atraído para a responsabilidade dos fiéis de partilharem o significado do Apocalipse. Ele compreendeu a importância de viver de acordo com a sua verdade, não apenas com palavras, mas com ações que refletissem o amor e a justiça do Criador.

"Que o meu povo seja luz na escuridão", declarou a voz. "Por meio das vossas vidas, que o mundo veja a esperança da minha vinda e a alegria da minha presença. O significado do Apocalipse não está apenas no que está por vir, mas em como vivem hoje."

A visão revelou o propósito final do Criador no Apocalipse: habitar para sempre com o Seu povo. Pedro viu a Nova Jerusalém a descer, com os seus portões abertos a todos os que viveram na fé. A presença do Criador encheu a cidade e a Sua luz baniu toda a escuridão.

"Este é o meu desejo", disse a voz, cheia de amor. "Estar com o meu povo, enxugar cada lágrima, restaurar tudo o que foi quebrado e fazer todas as coisas novas. Este é o significado do Apocalipse: uma revelação do meu amor eterno."

Quando a visão terminou, Pedro recordou-se da esperança e urgência do Apocalipse. Não se tratava de um acontecimento distante, mas de uma realidade presente, que chamava a humanidade a viver com propósito, fé e expectativa.

"O Apocalipse é a minha promessa", declarou a voz. "É o meu apelo a si e a todos os que ouvem. Viva na minha luz, partilhe a minha esperança e prepare-se para o dia em que o meu reino vier em plenitude."

Quando Pedro regressou da visão, o seu coração transbordava de reverência e determinação. O significado do Apocalipse não era instilar medo, mas inspirar fé e oferecer esperança a um mundo que precisava de redenção.

Reuniu os fiéis e falou sobre o que tinha visto, com voz firme, mas cheia de paixão.

"O Apocalipse é a revelação do Criador", proclamou Pedro. "É o cumprimento do Seu plano, o triunfo da Sua justiça e a promessa do Seu amor. Vivam como aqueles que creem, partilhem a esperança da Sua vinda e caminhem na luz da Sua verdade. Pois o dia está próximo em que tudo será feito novo."

O testemunho de Pedro comoveu profundamente os seus ouvintes. Alguns encontraram um propósito renovado na sua fé, decidindo viver de acordo com a promessa do Apocalipse. Outros sentiram a urgência de partilhar a sua mensagem, alcançando aqueles que ainda não tinham ouvido falar do amor do Criador.

Pedro destacou o poder transformador do Apocalipse nas suas palavras. Não foi o fim, mas o início, um chamado para viver com esperança e expectativa enquanto o plano do Criador se desenrolava.

Enquanto Pedro continuava a proclamar a visão, orou para que todos os que ouvissem abraçassem o significado do Apocalipse, vivendo como testemunhas do amor do Criador e preparando os seus corações para o dia em que o Seu reino eterno seria plenamente realizado.

Capítulo 44
Esperança em tempos difíceis

A visão desdobrou-se num mundo envolto em sombras, onde provações e tribulações pressionavam pesadamente os corações da humanidade. Pedro encontrava-se no meio de cenas de sofrimento: guerras que devastavam terras, pobreza que despojava a dignidade e tristeza que pesava sobre as almas. No entanto, mesmo nessa escuridão, vislumbres de luz atravessavam, símbolos de esperança que se recusavam a desaparecer.

"Esta é a resistência do meu povo", declarou uma voz, ressonante com força e compaixão. "Embora o mundo esteja cheio de problemas, as minhas promessas permanecem firmes. Eu sou a âncora da esperança deles, inabalável e eterna."

Pedro voltou o olhar para os fiéis, espalhados pela terra. Ele viu as suas lutas, os momentos de dúvida e as lágrimas derramadas em silêncio. No entanto, também viu a sua perseverança, as suas mãos unidas em oração e os seus corações agarrados às promessas do Criador.

"A minha esperança não é frágil", disse a voz. "É uma fortaleza na tempestade, uma luz que guia através do vale mais profundo. O meu povo não está sozinho, pois estou sempre com eles."

A visão mudou para revelar a fonte de esperança nos tempos difíceis: a natureza imutável do Criador. Pedro viu o Cordeiro de pé no centro de todas as coisas, com as Suas feridas a testemunharem a Sua vitória. Dele fluíam rios de vida, renovando aqueles que se banqueteavam com a Sua graça.

"A minha esperança não é um pensamento positivo", declarou a voz. "É a certeza do meu amor, a garantia das minhas promessas e o poder da minha presença. Aqueles que confiam em mim não serão envergonhados."

Foi-lhe mostrado como a esperança sustentou os fiéis ao longo da história. Ele viu Abraão confiar na promessa de uma criança, mesmo quando tal parecia impossível. Ele testemunhou os israelitas agarrados à esperança de libertação enquanto vagavam pelo deserto. Ele testemunhou a firmeza da igreja primitiva diante da perseguição, com os olhos fixos no reino eterno.

"O meu povo sempre enfrentou provações", explicou a voz. "No entanto, em todas as tempestades, fui o seu refúgio. A minha esperança não está limitada pelas circunstâncias, mas enraizada na minha fidelidade."

A visão passou então para o papel da comunidade em fomentar a esperança. Pedro viu os crentes reunidos, a partilhar os fardos uns dos outros e a incentivar-se mutuamente. A sua unidade tornou-se um farol de luz na escuridão, um testemunho do amor do Criador.

"Levem os fardos uns dos outros", disse a voz. "Por meio do amor que vocês têm uns pelos outros, o mundo verá a minha presença entre vocês. A esperança cresce quando é partilhada e a alegria é multiplicada quando o meu povo caminha unido na fé."

O espírito de Pedro foi atraído para as promessas do Apocalipse, onde residia a esperança suprema. Ele viu os fiéis a entrar na Nova Jerusalém, as suas tristezas transformadas em alegria, as suas lágrimas enxugadas pela mão do Criador. As provações do presente foram eclipsadas pela glória da eternidade.

"Esta é a esperança que não desaparece", declarou a voz. "A promessa do meu reino, onde a justiça reina e o amor abunda. Que esta esperança ancore as vossas almas, pois é a certeza das coisas invisíveis."

A visão revelou maneiras práticas pelas quais os fiéis poderiam viver a esperança nos tempos difíceis. Pedro viu atos de gentileza: um copo de água oferecido com amor, uma palavra de encorajamento proferida em tempos de desespero, uma mão estendida ao cansado. Esses pequenos gestos transformaram-se em linhas de vida, atraindo outros para a luz do Criador.

"A esperança não é passiva", disse a voz. "Ela é ativa, uma força que move corações e transforma vidas. Que as minhas mãos e os meus pés sejam instrumentos de esperança num mundo ferido."

Ao concluir a visão, Pedro lembrou-se do chamado do Criador à perseverança. A esperança não era a ausência de dificuldade, mas a presença de confiança naquele que sustentava todas as coisas.

"Não te canses", disse a voz. "Pois na estação devida, colherás se não desanimares. A minha graça é suficiente para cada provação e a minha força se aperfeiçoa na fraqueza."

Quando Pedro regressou da visão, o seu coração estava repleto de compaixão e determinação. A esperança nos tempos difíceis não era apenas um ideal, mas uma realidade enraizada nas promessas do Criador.

Reuniu os fiéis e falou sobre o que tinha visto, com uma voz firme, mas cheia de encorajamento.

"A esperança é a âncora das nossas almas", proclamou Pedro. "Ela não está presa às provações que enfrentamos, mas repousa na fidelidade do Criador. Confiem nas Suas promessas, encorajem-se mutuamente e vivam como aqueles que carregam a Sua luz. Pois a esperança que temos Nele não pode ser vencida pelas trevas."

O testemunho de Pedro comoveu profundamente os seus ouvintes. Alguns encontraram força para enfrentar as suas lutas, renovando os seus corações pela certeza do amor do Criador. Outros resolveram ser agentes de esperança, alcançando aqueles que mais necessitam com compaixão e fé.

Pedro realçou, nas suas palavras, o poder da esperança para sustentar, curar e transformar. Não se tratava de um conceito abstrato, mas de uma realidade tangível, um dom do Criador que acompanhou o Seu povo através das tempestades da vida.

Enquanto Pedro continuava a proclamar esta visão, orou para que todos os que ouvissem abraçassem a esperança do Criador, vivendo como testemunhas da Sua fidelidade e anunciando aos outros a alegria das Suas promessas eternas.

Capítulo 45
A Importância da Fé

A visão desdobrou-se numa vasta extensão onde o invisível era mais tangível do que o visível. Pedro encontrava-se entre inúmeras figuras que caminhavam com certeza, cujos passos não eram guiados pelo que podiam ver, mas pelas promessas em que acreditavam. A fé era o sustentáculo da sua jornada, a ponte entre a humanidade e os propósitos eternos do Criador.

"Este é o fundamento do meu povo", declarou uma voz cheia de força e gentileza. "A fé é a chave que desbloqueia a plenitude das minhas promessas. É a confiança no que não pode ser visto, mas é eternamente verdadeiro."

Pedro voltou o olhar para os heróis da fé que haviam caminhado antes dele. Viu Abraão, que partiu da sua terra natal rumo a um lugar que nunca tinha visto, confiando na palavra do Criador. Viu Moisés, de pé diante do Mar Vermelho, a sua fé a separar as águas. Viu Davi a enfrentar Golias com nada além de uma funda e a sua confiança no Todo-Poderoso.

"Estes são os meus fiéis", disse a voz. "Eles não viram o resultado, mas creram. Por meio da fé deles, manifestei o meu poder e realizei a minha vontade."

A visão mudou para a vida do Messias, onde a fé se manifestou na perfeição. Pedro viu o Messias no jardim, a orar com submissão e confiança. Ele viu-O na cruz, com uma fé inabalável mesmo diante da morte. Por meio da fé d'Ele, a humanidade foi reconciliada com o Criador e o caminho para a salvação foi aberto.

"O meu Filho é o autor e consumador da fé", declarou a voz. "Por meio dele, você vê o que a fé pode realizar. Nele, a sua fé encontra a sua âncora, a sua segurança e a sua realização."

Foi mostrado a Pedro o quotidiano dos fiéis, onde a fé não era um momento pontual, mas uma jornada contínua. Ele observou pessoas a confiar na provisão do Criador durante a escassez, a acreditar na cura em meio à doença e a manter a esperança diante do desespero.

"A fé não é ausência de luta", explicou a voz. "É a presença de confiança no meio dela. É a certeza de que estou consigo, de que as minhas promessas são verdadeiras e de que os meus planos são bons."

A visão voltou-se para os desafios à fé. Pedro viu dúvidas a infiltrar-se nos corações, tempestades que testavam as convicções e vozes que procuravam minar a confiança no Criador. No entanto, também viu o Espírito a mover-se dentro dos fiéis, fortalecendo a sua determinação e lembrando-os da verdade.

"A fé é um escudo", disse a voz. "Ela extingue os dardos inflamados do inimigo. Embora as provações venham, o meu Espírito sustenta e a minha palavra assegura. Mantenha-se firme na sua fé, pois ela é a sua vitória."

O espírito de Pedro foi atraído para a comunidade de crentes, onde a fé era cultivada e fortalecida. Ele observou-os reunidos em adoração, a partilhar testemunhos da fidelidade do Criador e a encorajar-se mutuamente a perseverar.

"A fé cresce em comunidade", declarou a voz. "Assim como o ferro afia o ferro, o meu povo fortalece-se mutuamente.

Juntos, eles são uma luz para o mundo, uma cidade edificada sobre um monte que não pode ser escondida."

A visão revelou o significado eterno da fé. Pedro viu os fiéis diante do Criador, as suas vidas um testemunho da sua confiança. A sua fé tinha moldado as suas ações, as suas escolhas e o seu legado. Eles tinham andado pela fé, não pela visão, e agora entravam na alegria do seu Senhor.

"Sem fé, é impossível agradar-me", disse a voz. "Mas para aqueles que creem, tudo é possível. A fé deles salvou-os e a recompensa é a vida eterna comigo."

Quando a visão terminou, Pedro lembrou-se do chamado para viver pela fé. Não se tratava de uma crença passiva, mas sim de uma confiança ativa que moldava cada aspeto da vida. A fé era o fundamento da esperança, o catalisador do amor e o caminho para as promessas do Criador.

"Andem pela fé", disse a voz. "Não pelo que vê, mas pelo que sabe ser verdade em Mim. A fé sustentá-lo-á, guiá-lo-á e levar-lo-á a casa."

Quando Pedro regressou da visão, o seu coração estava repleto de convicção e encorajamento. A importância da fé não era apenas um conceito teológico, mas uma realidade diária, uma linha de vida para a presença e o poder do Criador.

Reuniu os fiéis e falou sobre o que tinha visto, com voz firme, mas cheia de paixão.

"A fé é o fundamento das nossas vidas", proclamou Pedro. "É a confiança nas promessas do Criador, a certeza da Sua presença e a chave para o Seu reino eterno. Mantenham-se firmes na fé, encorajem-se mutuamente e vivam como aqueles que creem, pois o justo viverá pela fé."

O testemunho de Pedro comoveu profundamente os seus ouvintes. Alguns encontraram força renovada para enfrentar as suas provações, a sua fé reacendida pelo lembrete da fidelidade do Criador. Outros resolveram encorajar aqueles que lutavam com a dúvida, tornando-se faróis de esperança dentro da sua comunidade.

Pedro enfatizou o poder transformador da fé através das suas palavras. Não se tratava de uma ideia abstrata, mas sim de uma força viva que ligava a humanidade ao Criador, moldando as suas vidas e destinos.

Enquanto Pedro continuava a proclamar esta visão, orou para que todos os que ouvissem pudessem viver segundo a fé, confiando nas promessas do Criador e vivendo como testemunhas do Seu amor, até ao dia em que estivessem diante Dele na plenitude da Sua glória.

Capítulo 46
Amor pelos outros

A visão começou num jardim radiante, repleto de vida e cor, onde cada ser vivo parecia prosperar em harmonia. Pedro ficou maravilhado ao observar inúmeros gestos de cuidado altruísta e gentileza. Neste lugar, o amor pelos outros era a essência que unia tudo, refletindo a natureza eterna do Criador.

"Este é o meu mandamento", declarou uma voz cheia de ternura e autoridade. "Amai-vos uns aos outros como eu vos amei. Nisto, o mundo ver-me-á, e o meu reino será revelado."

Pedro voltou o seu olhar para a vida do Messias, a personificação perfeita do amor. Ele viu-O a curar os doentes, a alimentar os famintos e a confortar os de coração partido. Ele testemunhou o Messias a lavar os pés aos Seus discípulos, e a Sua humildade ensinou-o a servir os outros.

"Isto é amor em ação", explicou a voz. "Não apenas em palavras, mas em ações que refletem o meu coração. A vida do meu Filho foi dada, não tirada. Por meio dele, vê-se a medida do verdadeiro amor: dar a vida pelos outros."

A visão mudou para revelar as lutas da humanidade, onde o egoísmo e a divisão frequentemente ofuscavam o amor. Pedro viu famílias dilaceradas por conflitos, comunidades fraturadas pelo preconceito e nações divididas pela ganância e pelo poder. No entanto, no meio da escuridão, os atos de amor brilharam como faróis: gestos pequenos, mas poderosos, que trouxeram cura e reconciliação.

"O amor é o maior mandamento", declarou a voz. "Ele supera o ódio, cura feridas e une o que o pecado separou. Por meio do amor, o meu povo torna-se testemunha, uma luz para o mundo."

Foi-lhe mostrado que o amor pelos outros era essencial para viver a fé. Ele viu os crentes a partilhar os seus recursos com os necessitados, a acolher estranhos em suas casas e a perdoar aqueles que os haviam injustiçado. Esses atos de amor não eram meras obrigações, mas expressões alegres da presença do Criador neles.

"A fé sem amor não é nada", disse a voz. "Embora fales com as línguas dos anjos ou tenhas todo o conhecimento, sem amor, de pouco servem. Que o amor que tens pelos outros seja a prova da tua fé em mim."

A visão voltou-se para o poder transformador do amor. Pedro testemunhou a restauração de relacionamentos, a reconstrução de comunidades e a transformação de vidas através de atos de gentileza e compaixão. O amor não era fraco, mas sim forte, quebrando barreiras e unindo pessoas.

"O amor conquista tudo", declarou a voz. "É a maior força do universo, pois flui do meu próprio ser. O meu amor não tem limites e, por meio dele, todas as coisas são renovadas."

O espírito de Pedro foi atraído para o comando de amar até os inimigos. Ele viu pessoas a estender a mão àqueles que as tinham prejudicado, a oferecer perdão e a procurar paz. Esse amor, embora custoso, dava testemunho da misericórdia e da graça do Criador.

"Amar aqueles que nos amam é fácil", disse a voz. "Mas amar os inimigos, abençoar aqueles que te amaldiçoam — esse é o amor que reflete o meu coração. É assim que mostram ao mundo que são meus filhos."

A visão alargou-se para revelar o significado eterno do amor. Pedro viu os fiéis diante do Criador, com as suas vidas marcadas pelo amor pelos outros. Foram bem-vindos ao reino eterno, onde o amor era a linguagem do Céu e a essência de cada ação.

"Este é o maior mandamento", declarou a voz. "Amai-me de todo o coração, alma e mente, e amai o vosso próximo como a vós mesmos. Nisto está cumprida toda a lei e os profetas."

Ao concluir a visão, Pedro foi lembrado da urgência de viver uma vida de amor. Não se tratava apenas de uma virtude, mas de um comando, o fundamento do reino do Criador na terra e na eternidade.

"Amai-vos uns aos outros como eu vos amei", disse a voz. "Nisto, a minha glória é revelada e o meu reino vem. Que o vosso amor seja genuíno, paciente e duradouro, pois reflete a minha presença em vós."

Quando Pedro regressou da visão, o seu coração estava repleto de compaixão e determinação. O amor pelos outros não era uma opção, mas a essência da fé, um chamado para refletir o carácter do Criador em todos os aspetos da vida.

Reuniu os fiéis e falou sobre o que tinha visto, com voz firme, mas cheia de calor.

"O amor é o maior mandamento", proclamou Pedro. "Por meio dele, a presença do Criador é revelada e o Seu reino manifestado. Amemo-nos uns aos outros com humildade e sinceridade, servindo como o Messias serviu, perdoando como

Ele perdoou e vivendo como Ele viveu. É no amor que encontramos o cumprimento da Sua vontade."

O testemunho de Pedro comoveu profundamente os seus ouvintes. Alguns decidiram reparar relacionamentos quebrados, estendendo a mão com perdão e compaixão. Outros sentiram o impulso de servir as suas comunidades, levando o amor do Criador aos necessitados.

Pedro realçou, através das suas palavras, o poder transformador e eterno do amor. Não se tratava de um sentimento passivo, mas sim de uma força ativa que moldava vidas, curava feridas e construía o reino do Criador na Terra.

Enquanto Pedro continuava a proclamar esta visão, orou para que todos os que ouvissem abraçassem o chamado ao amor, vivendo como vasos da compaixão e da luz do Criador até se encontrarem juntos no reino eterno, onde o amor reina para sempre.

Capítulo 47
A busca pela justiça

A visão começou com uma cena de um mundo profundamente dividido, onde a injustiça reinava em muitos aspetos. Pedro encontrava-se no meio de estruturas imponentes de poder construídas às custas dos oprimidos. Ele via a riqueza a acumular-se nas mãos de poucos, enquanto muitos viviam na pobreza, e tribunais corrompidos, cujos julgamentos favoreciam os fortes sobre os fracos. No entanto, no meio dessa escuridão, irromperam raios de luz: os atos daqueles que buscavam a justiça, movidos pelo chamado do Criador.

"Este é o meu desígnio", declarou a voz, cheia de justa indignação e profundo amor. "Que a justiça corra como águas, e a retidão como um poderoso riacho. Pois eu sou o Deus da justiça e o meu povo deve viver de acordo com os meus preceitos."

O olhar de Pedro foi atraído para os profetas antigos, que se ergueram como vozes da verdade num mundo repleto de iniquidade. Ele viu Amós a clamar contra a exploração dos pobres, Isaías a pedir a quebra de todo o jugo e Miquéias a proclamar a exigência do Criador de agir com justiça, amar a misericórdia e andar humildemente.

"Esses são os meus mensageiros", disse a voz. "Por meio deles, revelei o meu coração aos oprimidos, a minha ira contra a injustiça e a minha promessa de trazer restauração. A justiça não é uma opção para o meu povo, mas sim o seu chamado."

A visão mudou para a vida do Messias, onde a justiça e a misericórdia andavam de mãos dadas. Pedro viu-O a curar os doentes, a acolher os rejeitados e a desafiar a hipocrisia dos poderosos. As ações do Messias foram um testemunho da justiça do Criador, não apenas ao castigar os perversos, mas também ao elevar os oprimidos e restaurar a dignidade dos quebrantados.

"O meu Filho é a personificação da justiça", declarou a voz. "Por meio dele, estabeleci um reino onde os últimos serão os primeiros e os pequenos serão os grandes. Que o meu povo siga o Seu exemplo, procurando a justiça não para si, mas para os outros."

Foi-lhe mostrado o custo de procurar a justiça. Ele viu pessoas a oporem-se à corrupção e à opressão, cujas vozes foram silenciadas pela violência e perseguição. No entanto, também viu os seus sacrifícios darem frutos, inspirando outros a continuar a luta pela justiça.

"A justiça não é gratuita", disse a voz. "Mas serão abençoados aqueles que têm fome e sede de justiça, pois serão saciados. O meu Espírito sustenta aqueles que andam nos meus caminhos, mesmo diante de grande oposição."

A visão voltou-se para os sistemas e estruturas que perpetuavam a injustiça. Pedro viu economias construídas sobre exploração, leis que marginalizavam os mais vulneráveis e líderes que exerciam poder sem responsabilidade. No entanto, também viu os fiéis a trabalhar para desmantelar esses sistemas, substituindo-os por estruturas enraizadas na justiça, compaixão e verdade.

"A minha justiça não se limita a indivíduos", explicou a voz. "Ela estende-se a nações, comunidades e sistemas. Que o meu povo seja um agente de mudança, transformando o mundo para o fazer refletir o meu reino."

O espírito de Pedro foi atraído pela promessa de justiça final. Ele viu o trono do Criador, onde todos os erros tinham sido corrigidos, todas as lágrimas enxugadas e todas as ações injustas levadas à justiça. Os fiéis estavam na luz, com os seus esforços em busca de justiça honrados, enquanto os opressores enfrentavam as consequências das suas ações.

"A minha justiça é perfeita", disse a voz. "Embora possa parecer atrasada, nunca é negada. Confiem em mim, pois trarei justiça às nações e a minha retidão brilhará como o amanhecer."

A visão revelou maneiras práticas pelas quais os fiéis poderiam procurar a justiça no seu quotidiano. Pedro viu atos de defesa dos que não têm voz, generosidade para com os necessitados e coragem em enfrentar o mal. Todas as ações, por mais pequenas que fossem, contribuíam para o trabalho maior de construir o reino do Criador.

"A justiça começa com o amor", declarou a voz. "Ela não nasce da raiva ou do orgulho, mas da compaixão e da humildade. Deixe as suas ações fluírem do meu coração e você refletirá a minha justiça no mundo."

Ao concluir a visão, Pedro foi lembrado da importância da perseverança na busca da justiça. Embora a jornada fosse repleta de desafios, a promessa de restauração do Criador era firme.

"Não se cansem de fazer o bem", disse a voz. "Pois no tempo certo, colherão o que semearam, se não desistirem. Que a justiça e a retidão guiem os vossos passos e vocês andarão na minha luz."

Quando Pedro regressou da visão, o seu coração ardia de raiva justa e esperança. A busca pela justiça não era apenas um ideal, mas um mandato, um reflexo do carácter e do reino do Criador.

Reuniu os fiéis e falou sobre o que tinha visto, com a voz firme, mas carregada de convicção.

"A justiça é a vontade do Criador", proclamou Pedro. "Não basta acreditar — precisamos de agir, erguendo os oprimidos, defendendo os vulneráveis e confrontando a injustiça onde quer que a encontremos. Sigamos os Seus caminhos, pois a Sua justiça é perfeita e o Seu reino está próximo."

O testemunho de Pedro comoveu profundamente os seus ouvintes. Alguns decidiram confrontar as injustiças nas suas próprias comunidades, enquanto outros encontraram força para continuar o seu trabalho de advocacia e serviço.

Através das suas palavras, Pedro enfatizou o apelo do Criador à ação. A justiça não era um conceito abstrato, mas um comando vivo, que exigia coragem, sacrifício e uma fé inabalável.

Enquanto Pedro continuava a proclamar esta visão, orou para que todos os que ouvissem abraçassem a busca pela justiça, vivendo como agentes da justiça do Criador e preparando o caminho para o reino eterno, onde a justiça e a paz reinariam para sempre.

Capítulo 48
Perdão e Reconciliação

A visão começou numa paisagem fraturada, onde os relacionamentos rompidos deixavam abismos profundos entre indivíduos, famílias e comunidades. Pedro encontrava-se à beira de uma dessas divisões, sentindo o peso do ressentimento, da raiva e da tristeza que mantinham os corações separados. No entanto, no meio daquela cena de separação, surgiu uma luz — uma figura que se adiantou para oferecer uma mão, preenchendo a lacuna com um ato de perdão.

"Este é o meu desígnio", declarou a voz, cheia de compaixão e autoridade. "Perdoe como eu o perdoei. Perdoando, revela a minha misericórdia; reconciliando-se, proclama o meu amor."

Pedro voltou o seu olhar para a vida do Messias, o exemplo máximo de perdão. Ele viu-O a jantar com pecadores, a curar aqueles que tinham feito mal aos outros e a oferecer misericórdia aos condenados. Na cruz, Pedro testemunhou as palavras do Messias a ecoar através dos tempos: "Pai, perdoa-lhes, pois não sabem o que fazem."

"Este é o coração do perdão", disse a voz. "Não é conquistado, mas dado livremente, um presente que reflete a minha graça. O meu Filho suportou o peso do pecado para que todos pudessem reconciliar-se comigo e uns com os outros."

A visão passou para a luta da humanidade com o perdão. Pedro viu pessoas agarradas firmemente à sua dor, incapazes de libertar a amargura que as consumia. Ele testemunhou famílias dilaceradas por rancores, comunidades divididas por preconceitos e nações relutantes em curar as suas feridas passadas.

"A falta de perdão é uma corrente", declarou a voz. "Ela prende a alma e cega o coração. No entanto, o meu Espírito oferece liberdade, quebrando todas as correntes através do poder da minha misericórdia."

Foi-lhe mostrado o processo do perdão, uma jornada que começava com a disposição do coração para perdoar a ofensa. Ele viu o Espírito a mover-se dentro dos indivíduos, a suavizar os seus corações e a dar-lhes a força para deixarem de lado a sua dor. Embora difícil, este ato de perdão trouxe cura não apenas ao perdoador, mas também àqueles que o haviam prejudicado.

"Perdão não é fraqueza", disse a voz. "É força nascida do meu amor. Quando perdoas, refletes a minha imagem e o meu poder é aperfeiçoado na tua humildade."

A visão voltou-se para a reconciliação, o fruto do perdão. Pedro viu relacionamentos restaurados, famílias reunidas e comunidades reconstruídas. Esses atos de reconciliação não eram superficiais, mas profundos, enraizados na honestidade, no arrependimento e no desejo de cura.

"A reconciliação é a minha vontade", declarou a voz. "É a restauração do que foi quebrado, o conserto do que o pecado despedaçou. Por meio da reconciliação, o meu reino é revelado na Terra como é no Céu."

O espírito de Pedro foi atraído para o custo do perdão e da reconciliação. Ele viu pessoas a abandonar o seu orgulho, a reconhecer as suas próprias falhas e a procurar fazer as pazes. Esses atos exigiam coragem e humildade, mas eram testemunho do poder transformador do Criador.

"O meu perdão não foi sem custo", disse a voz. "Foi comprado pelo sangue do meu Filho. Da mesma forma, o seu perdão pode custar-lhe orgulho, conforto ou controlo, mas a sua recompensa é muito maior: um coração liberto e relacionamentos inteiros."

A visão revelou o significado eterno do perdão e da reconciliação. Pedro viu os fiéis diante do Criador, com as suas vidas marcadas por atos de misericórdia e amor. As divisões do mundo já não existiam e todos os que abraçaram o perdão caminharam juntos sob a luz do Cordeiro.

"No meu reino, não há divisão", declarou a voz. "Só há unidade, nascida do meu amor e sustentada pela minha graça. Perdoem, reconciliem-se e caminhem como um só, pois este é o caminho para a alegria eterna."

Quando a visão terminou, Pedro lembrou-se da urgência do perdão e da reconciliação. Não se tratavam apenas de sugestões, mas sim de comandos, essenciais para viver de acordo com a vontade do Criador e refletir a Sua natureza no mundo.

"Não deixe o sol pôr-se sobre a sua ira", disse a voz. "Perdoem rapidamente, amem profundamente e busquem a paz com todos. Nisto, vocês revelam a minha glória e preparam os vossos corações para o meu reino."

Quando Pedro regressou da visão, o seu coração estava repleto de convicção e esperança. Perdão e reconciliação não eram opcionais, mas sim a essência da obra do Criador na humanidade.

Reuniu os fiéis e falou sobre o que tinha visto, com voz firme, mas cheia de compaixão.

"O perdão é a chave para a liberdade", proclamou Pedro. "A reconciliação é o fruto do amor. Vamos perdoar como fomos perdoados e tentar reparar o que foi quebrado. Ao fazê-lo, proclamamos a misericórdia do Criador e seguimos a Sua verdade."

O testemunho de Pedro comoveu profundamente os seus ouvintes. Alguns choraram ao decidir perdoar aqueles que os haviam prejudicado, enquanto outros se sentiram chamados a procurar reconciliação com relacionamentos há muito negligenciados.

Com as suas palavras, Pedro realçou o poder transformador do perdão e da reconciliação. Esses atos não foram fáceis, mas foram necessários, proporcionando cura a indivíduos, famílias e comunidades.

Enquanto Pedro continuava a proclamar a visão, orou para que todos os que ouvissem abraçassem o chamado para perdoar e se reconciliar, vivendo como agentes do amor do Criador até se encontrarem juntos no reino eterno, unidos na luz da Sua glória.

Capítulo 49
Vida em Comunidade

A visão transformou-se numa vibrante reunião de pessoas, unidas por um propósito comum e cheias de alegria. Pedro encontrava-se no meio desta assembleia harmoniosa, onde as diferenças culturais, linguísticas e de origem eram abraçadas em vez de divididas. Cada pessoa contribuía com algo único e, em conjunto, refletiam o amor e a glória do Criador. Esta era a vida em comunidade, o desígnio e o desejo do Criador para o Seu povo.

"Esta é a minha vontade", declarou uma voz cheia de calor e sabedoria. "Que o meu povo viva em unidade. Em comunidade, refletem a minha imagem, pois não sou isolamento, mas comunhão."

Pedro voltou o olhar para a igreja primitiva, onde os fiéis se reuniam para partilhar refeições, adoração e bens. Ele observou os seus atos de generosidade, onde ninguém reivindicava nada como seu e todas as necessidades eram atendidas. Esta comunidade prosperou não por uniformidade, mas por fé, amor e um propósito partilhados.

"Eles dedicaram-se à comunhão e à partilha do pão", disse a voz. "Este é o projeto para o meu povo. Na sua unidade, revelam a minha presença ao mundo."

A visão mudou para o ministério do Messias, onde a comunidade ocupava um lugar central. Pedro viu-O a chamar os discípulos e a ensiná-los, não apenas como indivíduos, mas como um grupo unido por uma missão partilhada. Ele testemunhou o Messias a jantar com pecadores, a curar os marginalizados e a unir divisões entre as pessoas.

"O meu Filho construiu o Seu reino através dos relacionamentos", declarou a voz. "Ele chamou outros para caminhar com Ele, para suportar os fardos uns dos outros e para amar como Ele amou. Nisto, Ele revelou o meu coração pela comunidade."

Pedro testemunhou os desafios de viver em comunidade. Ele testemunhou mal-entendidos, conflitos e egoísmo a ameaçar dividir as pessoas. No entanto, também viu o Espírito a agir nessas reuniões, trazendo reconciliação, paciência e humildade. Viver em comunidade não era fácil, mas foi através dessas dificuldades que o amor foi aprofundado e a fé fortalecida.

"A comunidade não está isenta de provações", disse a voz. "Mas é por meio dessas provações que o meu povo cresce. Suportem-se uns aos outros, perdoem como eu os perdoei e deixem o meu Espírito uni-los em perfeita unidade."

A visão voltou-se para o papel da comunidade em apoiar os fiéis nas dificuldades. Pedro viu os crentes a confortar os aflitos, a encorajar os cansados e a celebrar vitórias juntos. Nesses atos, o amor do Criador tornou-se tangível, uma tábua de salvação para os necessitados.

"Onde dois ou três estiverem reunidos em meu nome, ali estou eu com eles", declarou a voz. "Em comunidade, a minha presença manifesta-se. Por meio do amor que se têm uns pelos outros, o mundo saberá que são meus."

Pedro ficou impressionado com a importância da diversidade dentro da comunidade. Ele viu pessoas com diferentes talentos, origens e perspectivas a unirem-se para construir algo maior do que elas próprias. Todas as contribuições, por mais pequenas que fossem, desempenharam um papel vital no plano do Criador.

"O meu corpo é um, embora tenha muitas partes", disse a voz. "Cada membro é essencial e cada dom é dado para o bem de todos. Que ninguém se considere maior ou menor, pois todos são iguais aos meus olhos."

A visão revelou o significado eterno da vida em comunidade. Pedro viu os fiéis reunidos na Nova Jerusalém, as suas vozes unidas em louvor. Não havia divisão nem isolamento, mas sim comunhão perfeita com o Criador e uns com os outros. Essa comunhão eterna era o cumprimento do desejo do Criador para o Seu povo.

"Este é o meu reino", declarou a voz. "Uma comunidade de amor, onde cada lágrima é enxugada e cada coração é inteiro. Vivam agora como cidadãos deste reino, refletindo a sua unidade e alegria."

Conforme a visão foi concluída, Pedro foi lembrado da sua responsabilidade de nutrir e proteger a comunidade. Não se tratava apenas de uma construção humana, mas de um chamamento divino, um reflexo da própria natureza do Criador.

"Não deixem de se reunir", disse a voz. "Encorajem-se uns aos outros, sirvam-se uns aos outros e edifiquem-se uns aos outros. Em comunidade, cumprem o meu mandamento de amar e preparam os vossos corações para a eternidade."

Quando Pedro regressou da visão, o seu coração transbordava de gratidão e determinação. A vida em comunidade não era opcional, mas essencial, constituindo um testemunho vivo do amor e da presença do Criador.

Reuniu os fiéis e falou sobre o que tinha visto, com voz firme, mas cheia de calor.

"A comunidade é o desígnio do Criador", proclamou Pedro. "É onde encontramos força, propósito e alegria. Vamos viver como um só corpo, suportando os fardos uns dos outros e regozijando-nos juntos na Sua graça. Pois, na nossa unidade, o mundo verá a Sua glória e, no nosso amor, o Seu reino virá."

O testemunho de Pedro comoveu profundamente os seus ouvintes. Alguns decidiram fortalecer os seus relacionamentos dentro da comunidade, oferecendo perdão e apoio onde era necessário. Outros sentiram o chamamento para alcançar aqueles que estavam nas margens, convidando-os para a comunhão da fé.

Pedro enfatizou o poder transformador da comunidade através das suas palavras. Não se tratava apenas de uma reunião, mas de um reflexo do reino do Criador, onde o amor, o serviço e a unidade reinavam.

Enquanto Pedro continuava a proclamar esta visão, orou para que todos os que ouvissem abraçassem a vida em comunidade, vivendo como embaixadores do amor do Criador e preparando os seus corações para a comunhão eterna que os aguardava no Seu reino.

Capítulo 50
Cuidando da Criação

A visão começou com um panorama de tirar o fôlego: a Terra, vibrante e viva. Pedro encontrava-se no meio de florestas exuberantes, cascatas em cascata e campos repletos de vida. Todos os elementos da criação pareciam cantar em harmonia, uma prova da habilidade do Criador. No entanto, à medida que a visão mudava, Pedro via cicatrizes na Terra: rios poluídos, paisagens desoladas e criaturas levadas à extinção pela negligência humana.

"Esta é a minha criação", declarou uma voz, ressonante com alegria e tristeza. "Eu a formei boa e confiei-a aos cuidados da humanidade. No entanto, esqueceram-se da sua responsabilidade, optando pela exploração em vez da proteção."

Pedro voltou o olhar para o jardim do Éden, onde a humanidade iniciou a sua relação com a criação. Ele viu Adão e Eva a cuidar do jardim, as suas mãos a cultivar o solo, as suas vidas entrelaçadas com a terra. Essa responsabilidade não era um fardo, mas um chamado, um reflexo do amor do Criador pelo que Ele havia feito.

"Eu dei-lhes domínio", disse a voz, "não para destruir, mas para cultivar, para governar com sabedoria e compaixão, assim como eu governo sobre vós. A criação é o meu presente para si, e o seu cuidado com ela é um ato de adoração."

A visão mudou para as maneiras como a humanidade falhou neste propósito. Pedro viu florestas a serem desmatadas sem pensar, oceanos sufocados com resíduos e o ar denso com fumaça. Ele testemunhou o sofrimento de criaturas e pessoas, cujas vidas tinham sido diminuídas pela ganância e descuido.

"O pecado manchou a minha criação", declarou a voz. "Ainda assim, o meu coração permanece por ele e chamo o meu povo para restaurar o que foi quebrado. O cuidado com a terra reflete o amor por mim, pois o que fazes à minha criação, fazes a mim."

Foi-lhe mostrada a interconexão da criação, como cada elemento dependia dos outros. Ele compreendeu como a negligência numa área causava sofrimento noutra e como pequenos atos de cuidado podiam espalhar-se, trazendo cura à terra e aos seus habitantes.

"A criação não está separada de ti", explicou a voz. "É o palco no qual a minha história se desenrola e ela geme com ânsia ansiosa pelo dia da sua renovação. Cuide dela, assim como cuida uns dos outros."

A visão voltou-se para os fiéis, que foram chamados a liderar no cuidado com a criação. Pedro viu crentes a plantar árvores, a limpar rios e a defender políticas que protegessem a Terra. As suas ações eram atos de obediência e amor, enraizados no mandamento do Criador de administrar as Suas dádivas.

"O meu povo deve ser a luz do mundo", disse a voz. "Que o cuidado com a criação seja um testemunho do meu amor e um reflexo do meu reino. Por meio das vossas mãos, trarei restauração."

O espírito de Pedro foi atraído pela promessa da redenção da criação. Ele viu o Novo Céu e a Nova Terra, onde as cicatrizes do pecado já não existiam. Os rios corriam puros, as árvores davam frutos em todas as estações e todas as criaturas viviam em harmonia.

"Esta é a minha promessa", declarou a voz. "Eu renovarei o que foi quebrado e restaurarei o que foi perdido. No entanto, até aquele dia, chamo-vos para serem administradores da esperança, zeladores do que vos foi confiado."

A visão revelou formas práticas através das quais os fiéis poderiam cuidar da criação. Pedro viu famílias a reduzir o desperdício, comunidades a trabalhar juntas para proteger os recursos naturais e pessoas a optar por um estilo de vida simples, conscientes do seu impacto na Terra.

"Pequenos atos importam", disse a voz. "Não se cansem de fazer o bem, pois cada ato de cuidado reflete o meu amor e aproxima-vos do meu coração. No vosso cuidado, a minha glória é revelada."

Ao concluir a visão, Pedro recordou-se da sacralidade da criação e da responsabilidade da humanidade em protegê-la. Cuidar da Terra não era apenas uma preocupação ambiental, mas um ato espiritual, um reflexo do carácter e da vontade do Criador.

"Honre-me honrando a minha criação", disse a voz. "Protejam-na, restaurem-na e apreciem-na, pois ela é um testemunho do meu amor e um presente para todas as gerações."

Quando Pedro regressou da visão, o seu coração transbordava de reverência e determinação. Cuidar da criação não era uma preocupação secundária, mas parte integrante da vida de obediência ao Criador.

Reuniu os fiéis e falou sobre o que tinha visto, com voz firme, mas cheia de urgência.

"A criação é obra das mãos do Criador", proclamou Pedro. "É um presente, uma prova de confiança e um reflexo da Sua glória. Vamos cuidar dela com diligência e amor, pois ao fazê-lo, O honramos. Protejam a Terra, restaurem a sua beleza e vivam como administradores da Sua criação, pois este é o Seu comando e o nosso propósito."

O testemunho de Pedro comoveu profundamente os seus ouvintes. Alguns decidiram mudar os seus hábitos diários, reduzindo o desperdício e conservando recursos. Outros sentiram o chamamento para advogar em favor da proteção ambiental, usando as suas vozes para defender a criação do Criador.

Pedro enfatizou o dever sagrado da mordomia através das suas palavras. Cuidar da criação não era apenas uma resposta às preocupações ambientais, mas um ato de adoração e obediência, uma forma de viver o amor do Criador.

Enquanto Pedro continuava a proclamar esta visão, orou para que todos os que ouvissem abraçassem o seu chamado como zeladores da Terra, vivendo em harmonia com a criação e preparando os seus corações para o dia em que o Criador faria novas todas as coisas.

Capítulo 51
A busca pela paz

A visão transformou-se numa cena turbulenta, onde as nações travaram guerras, as comunidades foram divididas pelo ódio e os indivíduos carregavam o peso do conflito nos seus corações. No entanto, no meio do caos, Pedro viu vislumbres de paz: uma criança a estender a mão a outra, vizinhos a reconciliar-se e campos outrora queimados pela guerra agora repletos de vida. Esta foi a chamada do Criador à humanidade: procurar a paz num mundo ferido pelo pecado.

"Bem-aventurados os pacificadores", declarou a voz, cheia de determinação e compaixão. "Pois eles serão chamados filhos de Deus. O meu reino é de paz e o meu povo deve andar nos meus caminhos."

Pedro voltou o seu olhar para o Messias, o Príncipe da Paz. Ele viu-O acalmar a tempestade com uma palavra, curar os feridos e proclamar um reino não de violência, mas de amor. Mesmo quando enfrentou a traição e a morte, a Sua resposta foi de perdão e reconciliação.

"Esta é a minha paz", disse a voz. "Não é como o mundo dá, fugaz e condicional, mas uma paz que transcende a compreensão. O meu Filho deu a vida para que a paz pudesse reinar nos corações, nas famílias e nas nações."

A visão mudou para a luta da humanidade para abraçar a paz. Pedro viu indivíduos consumidos pela raiva, famílias dilaceradas por rancores e nações a justificar a guerra em nome do poder e do orgulho. No entanto, Pedro também testemunhou o Espírito a mover-se nos corações, suavizando-os e plantando sementes de reconciliação.

"A paz começa no interior", explicou a voz. "Um coração em guerra não pode trazer paz aos outros. Deixe o meu Espírito transformá-lo, enchendo-o com a minha paz, para que possa ser uma luz na escuridão."

Foi-lhe mostrado o custo de se procurar a paz. Ele viu pacificadores a posicionar-se na brecha, a dizer a verdade ao poder e a defender a reconciliação. Alguns foram desprezados, outros perseguidos, mas os seus esforços deram frutos: relacionamentos curados, comunidades restauradas e barreiras quebradas.

"A pacificação não é passiva", disse a voz. "É o trabalho dos corajosos, daqueles que estão dispostos a abdicar do seu orgulho e até mesmo das suas vidas pelo bem dos outros. Nisto, eles refletem o meu coração e o meu reino."

A visão voltou-se para as formas práticas pelas quais os fiéis poderiam procurar a paz. Pedro viu indivíduos a mediar conflitos, a oferecer perdão e a criar espaços onde o diálogo e a compreensão poderiam florescer. Ele testemunhou comunidades a construir pontes entre grupos divididos, promovendo a unidade e o respeito mútuo.

"A paz não é apenas a ausência de conflito", declarou a voz. "É a presença da justiça, da compaixão e da verdade. Que o meu povo trabalhe incansavelmente pela paz, para que o meu reino venha à Terra como é no Céu."

O espírito de Pedro foi atraído pela promessa de paz definitiva. Ele viu a Nova Jerusalém, onde as espadas se transformaram em arados e as nações deixaram de aprender a guerra. Os fiéis caminhavam juntos em harmonia, com os corações em paz na presença do Criador.

"Esta é a minha promessa", disse a voz. "Um reino de paz, onde o amor reina e o medo já não existe. Vivam agora como cidadãos deste reino, espalhando a sua luz por um mundo necessitado."

A visão revelou o significado eterno da paz. Pedro compreendeu que até os pequenos atos de pacificação ecoavam na eternidade, com um impacto que moldava vidas e comunidades por gerações. Cada esforço, por mais desafiante que fosse, era um passo em direção ao plano final de restauração do Criador.

"Não se cansem", declarou a voz. "Cada ato de paz é um reflexo da minha vontade e um vislumbre do meu reino vindouro. Abençoados são aqueles que buscam a paz, pois seguem os meus passos."

Quando a visão terminou, Pedro lembrou-se da urgência do apelo para alcançar a paz. Não se tratava apenas de um ideal, mas de um comando, essencial para viver em obediência ao Criador e refletir o Seu amor pelo mundo.

"Que a minha paz reine nos vossos corações", disse a voz. "Sejam pacificadores, não meramente mantenedores da paz, pois o trabalho da reconciliação é meu. Nisto, mostrarão ao mundo que são meus."

Quando Pedro regressou da visão, o seu coração estava repleto de determinação e esperança. A busca pela paz não seria fácil, mas era o caminho dos fiéis, um chamado que refletia o carácter e o reino do Criador.

Reuniu os fiéis e falou sobre o que tinha visto, com a voz firme, mas cheia de determinação.

"A paz é a vontade do Criador", proclamou Pedro. "Ela começa nos nossos corações e flui para o mundo. Sejamos pacificadores, unindo divisões, curando feridas e refletindo o amor do Messias. Ao buscarmos a paz, caminhamos na Sua luz e preparamos o caminho para o Seu reino."

O testemunho de Pedro comoveu profundamente os seus ouvintes. Alguns decidiram reparar relacionamentos que haviam sido destruídos, enquanto outros se sentiram chamados a trabalhar pela paz nas suas comunidades e além.

Pedro destacou o poder transformador da paz através das suas palavras. A paz não era passiva, mas ativa, exigindo coragem, humildade e uma fé inabalável nas promessas do Criador.

Enquanto Pedro continuava a proclamar a visão, orou para que todos os que ouvissem abraçassem o chamado para buscar a paz, vivendo como embaixadores do reino do Criador e preparando os seus corações para o dia em que a Sua paz reinaria para sempre.

Capítulo 52
O valor da vida humana

A visão abriu com uma figura radiante a segurar um fio de luz delicado, representando o presente da própria vida. Pedro encontrava-se entre inúmeros fios, cada um único, mas ligados a uma tapeçaria maior. A visão era de tirar o fôlego, revelando a natureza sagrada de cada ser humano, criado à imagem do Criador e dotado de propósito e valor.

"Esta é a minha criação", declarou uma voz, cheia de ternura e autoridade. "Cada vida é um reflexo da minha glória, uma obra-prima tecida pela minha mão. Que ninguém diminua o que eu fiz."

Pedro voltou o seu olhar para o momento da criação da humanidade. Ele viu o Criador a soprar vida em Adão, a moldá-lo cuidadosamente do pó. Este ato de criação não foi impessoal, mas íntimo, um testemunho do amor do Criador por cada pessoa.

"À minha imagem, eu os criei", disse a voz. "Homem e mulher, eles carregam a minha semelhança. Toda a vida é sagrada, desde o momento do seu início até à sua realização na eternidade."

A visão mudou para a vida do Messias, onde o valor da vida humana foi exemplificado. Pedro observou-O a alcançar os marginalizados, curar os doentes e defender a dignidade dos oprimidos. Cada interação era uma afirmação do valor intrínseco de cada pessoa, independentemente do seu estatuto ou passado.

"O meu Filho veio para dar vida", declarou a voz. "E vida em abundância. Por meio dele, o valor de cada alma é revelado, pois ele deu a sua vida em resgate por todos."

Pedro testemunhou as formas como a humanidade falhou em honrar o valor da vida. Ele testemunhou guerras que ceifaram inúmeras vidas, sistemas opressores que desumanizaram os mais vulneráveis e indivíduos consumidos pelo ódio e pela violência. No entanto, também testemunhou atos de coragem e compaixão: pessoas que arriscavam tudo para proteger e elevar os outros.

"O pecado distorce a minha criação", disse a voz. "Ele cega a humanidade para o valor dos seus irmãos e irmãs. No entanto, o meu Espírito move-se dentro dos fiéis, chamando-os a ver como eu vejo, a amar como eu amo."

A visão voltou-se para a responsabilidade dos fiéis em defender o valor da vida humana. Pedro viu os crentes posicionarem-se contra a injustiça, defenderem os sem voz e cuidarem dos doentes, dos pobres e dos vulneráveis. Esses atos de serviço não eram mera caridade, mas um reflexo do coração do Criador.

"Amar o próximo é honrar o seu valor", declarou a voz. "E amar os inimigos é confirmar o seu lugar na minha criação. Que o meu povo seja uma luz, mostrando ao mundo a sacralidade da vida através das suas palavras e ações."

O espírito de Pedro foi atraído pela ligação entre o valor da vida humana e o plano eterno do Criador. Ele viu os fiéis reunidos na Nova Jerusalém, cada vida contribuindo para a beleza do todo. As cicatrizes da injustiça foram curadas e cada alma foi restaurada à sua glória pretendida.

"Este é o meu reino", disse a voz. "Um lugar onde cada vida é honrada, cada lágrima é enxugada e cada coração é curado.

Que o meu povo viva agora como cidadãos deste reino, refletindo os seus valores no presente."

A visão revelou maneiras práticas pelas quais os fiéis poderiam afirmar o valor da vida humana. Pedro viu atos de bondade, como alimentar os famintos, confortar os aflitos e defender os oprimidos. Ele também viu esforços para proteger a vida em todos os estágios, desde o nascituro até aos idosos, garantindo que ninguém fosse esquecido ou abandonado.

"Não se canse de fazer o bem", disse a voz. "Pois cada ato de amor, não importa quão pequeno, é uma proclamação da minha verdade. Através de si, o mundo verá o valor de cada vida."

Ao concluir a visão, Pedro recordou-se do amor inabalável do Criador pela humanidade. O valor da vida humana não estava relacionado com realizações ou estatuto, mas sim com a verdade simples de que cada pessoa foi feita à imagem do Criador e estimada por Ele.

"Amai-vos uns aos outros como eu vos amei", declarou a voz. "Nisto, honrai-me e refleti a minha glória. Que cada palavra, cada ação, afirme o valor daqueles que criei."

Quando Pedro regressou da visão, o seu coração estava repleto de convicção e compaixão. O valor da vida humana não era apenas um ideal, mas uma verdade que exigia ação, um reflexo da própria natureza do Criador.

Reuniu os fiéis e falou sobre o que tinha visto, com voz firme, mas cheia de paixão.

"Toda a vida é sagrada", proclamou Pedro. "Desde o mais pequeno ao maior, cada pessoa carrega a imagem do Criador. Vamos honrar-nos uns aos outros, defender os mais vulneráveis e proclamar o valor de cada alma. Ao fazê-lo, cumprimos o Seu mandamento e preparamos os nossos corações para o Seu reino."

O testemunho de Pedro comoveu profundamente os seus ouvintes. Alguns decidiram defender os oprimidos e os sem voz, enquanto outros se sentiram chamados a servir nas suas comunidades, garantindo que cada pessoa fosse tratada com dignidade e respeito.

Através das suas palavras, Pedro destacou o poder transformador de afirmar o valor da vida humana. Não se tratava apenas de um reflexo de fé, mas de um apelo à ação, uma forma de viver o amor do Criador num mundo que frequentemente falhava em reconhecer o seu valor.

Enquanto Pedro continuava a proclamar esta visão, orou para que todos os que ouvissem abraçassem a sacralidade da vida, vivendo como testemunhas do amor do Criador e preparando os seus corações para o dia em que o Seu reino seria plenamente realizado..

Capítulo 53
Responsabilidade Individual

A visão estendeu-se a uma cidade movimentada, onde inúmeras vidas se entrelaçavam, cada pessoa envolvida nas suas tarefas e buscas únicas. Pedro observou a intrincada rede de relacionamentos e ações, como uma escolha se espalhava, afetando inúmeras outras. No entanto, no meio da complexidade da cena, destacou-se a importância da responsabilidade de cada indivíduo — um chamado para viver com intenção, fé e responsabilidade.

"Esta é a minha criação", declarou a voz, cheia de clareza e propósito. "Cada vida é um fio no tecido da minha criação. As suas escolhas importam, as suas ações têm peso e a sua responsabilidade é pessoal e profunda."

Pedro voltou o seu olhar para o presente do livre-arbítrio do Criador, um reflexo do Seu amor e confiança. Ele via a humanidade capacitada para escolher entre o bem e o mal, a luz e a escuridão. Essa liberdade, embora frequentemente mal utilizada, era central para o propósito da humanidade: amar o Criador e servir os outros com intencionalidade e cuidado.

"Eu coloquei diante de ti a vida e a morte", disse a voz. "Escolha a vida, para que possa viver. Cada escolha que fazes molda não apenas o teu caminho, mas também o mundo à tua volta."

A visão mudou para a vida do Messias, o exemplo perfeito de responsabilidade individual. Pedro viu-O a servir os outros incansavelmente, a ensinar a verdade e a cumprir a Sua missão com uma determinação inabalável. Mesmo nos momentos de maior sofrimento, o Messias assumiu a responsabilidade pela salvação da humanidade, demonstrando o poder da obediência e do sacrifício.

"O meu Filho viveu como um servo", declarou a voz. "Ele carregou os fardos dos outros, mas nunca ficou sem propósito. A sua vida foi um testemunho do poder da fidelidade e, por meio Dele, o caminho para a vida foi revelado."

Pedro compreendeu que a responsabilidade individual se estendia ao cuidado dos outros. Ele viu pessoas a alimentar os famintos, a confortar os solitários e a posicionar-se contra a injustiça. Embora muitas vezes pequenos, esses atos criaram ondas de mudança, transformando vidas e comunidades.

"A sua responsabilidade não se esgota consigo mesmo", explicou a voz. "É com o seu vizinho, com o estranho e com o mais fraco. Ao servir os outros, está a servir-me."

A visão voltou-se para os perigos de negligenciar a responsabilidade individual. Pedro viu pessoas consumidas pelo egoísmo, cujas escolhas levavam ao dano e à divisão. No entanto, também viu a misericórdia do Criador a chamá-los de volta, oferecendo-lhes graça e uma oportunidade para recomeçar.

"Não se canse de fazer o bem", disse a voz. "Pois, embora possa tropeçar, a minha graça é suficiente. Assuma a sua responsabilidade com coragem, pois estou sempre consigo."

Pedro ficou fascinado pela interconexão de ações individuais. Ele compreendeu que decisões aparentemente pequenas — um ato de gentileza, um momento de honestidade, um passo em direção ao perdão — poderiam ter um impacto profundo. A responsabilidade de cada pessoa, quando abraçada, contribuiu para o plano maior do Criador.

"A fidelidade nas pequenas coisas leva a coisas maiores", declarou a voz. "As suas ações, não importa quão pequenas, não são esquecidas. Eu vejo-as e honro-as."

A visão revelou o significado eterno da responsabilidade individual. Pedro viu os fiéis diante do Criador, com as suas vidas a testemunharem as suas escolhas. Cada ato de obediência, cada momento de fé, tinha sido tecido na tapeçaria do reino do Criador, engrandecendo o Seu nome.

"Muito bem, servo bom e fiel", disse a voz. "Foste fiel no pouco; sobre o muito serás colocado. Entra na alegria do teu Senhor."

Quando a visão terminou, Pedro lembrou-se do peso e da alegria da responsabilidade individual. Não era um fardo a temer, mas um privilégio a abraçar, uma forma de refletir o amor do Criador e contribuir para o Seu reino.

"Siga os meus caminhos", disse a voz. "Assuma a responsabilidade pelas suas escolhas, ações e fé. Nisto, vocês honram-me e cumprem o propósito para o qual foram criados."

Quando Pedro regressou da visão, o seu coração estava repleto de determinação e esperança. A responsabilidade individual não era um esforço solitário, mas uma parceria com o Criador, um ato diário de fé e obediência.

Reuniu os fiéis e falou sobre o que tinha visto, com uma voz firme, mas cheia de encorajamento.

"Cada um de nós recebeu um propósito", proclamou Pedro. "As nossas escolhas importam, as nossas ações têm poder e as nossas vidas são um testemunho da graça do Criador. Assumamos a responsabilidade pelo que nos foi confiado, servindo a Ele e uns aos outros com fidelidade e amor."

O testemunho de Pedro comoveu profundamente os seus ouvintes. Alguns decidiram assumir maior responsabilidade nas suas famílias e comunidades, enquanto outros sentiram o chamamento para realizar atos de serviço e fidelidade que tinham adiado por muito tempo.

Pedro enfatizou o poder transformador da responsabilidade individual através das suas palavras. Não se tratava de alcançar a perfeição, mas de ser fiel, comprometendo-se diariamente a viver de acordo com a vontade do Criador.

Enquanto Pedro continuava a proclamar a visão, orou para que todos os que ouvissem abraçassem o seu chamado, vivendo com propósito e integridade, enquanto preparavam os seus corações para a alegria eterna do reino do Criador.

Capítulo 54
O Legado do Apocalipse de Pedro

A visão começou com um pergaminho, que brilhava fracamente na luz ténue de um vasto salão. À sua volta, encontravam-se inúmeras figuras, cada uma representando uma era, uma cultura ou uma comunidade. O Apocalipse de Pedro, com as suas profundas revelações e imagens emocionantes, deixou uma marca duradoura na humanidade. O seu legado estendeu-se muito para além do texto em si, influenciando o pensamento, a arte e a fé ao longo dos séculos.

"Esta é a minha palavra", declarou uma voz firme e solene. "Ela não está limitada pelo tempo, pois as suas verdades são eternas. As visões dadas a Pedro falam a todos os que procuram entendimento, esperança e a promessa da minha justiça e misericórdia."

Pedro voltou o seu olhar para a igreja primitiva, onde o Apocalipse foi partilhado pela primeira vez. Ele viu comunidades reunidas em casas, a ler as palavras da sua visão com reverência. Encontraram conforto nas suas promessas, força nos seus avisos e encorajamento nas suas descrições do reino eterno.

"Estas palavras foram dadas para preparar e inspirar", disse a voz. "Elas lembraram o meu povo do que está por vir, incitando-os a viver com prontidão e fé. Por meio delas, a igreja foi fortalecida em tempos de provação."

A visão mudou para os corredores da academia e das artes, onde o Apocalipse de Pedro inspirou teólogos, poetas e pintores.

Pedro contemplou afrescos vívidos do paraíso e do julgamento, sermões que clamavam por arrependimento e escritos que exploravam os mistérios da justiça divina. Essas obras levaram a visão às novas gerações, mantendo a sua mensagem viva.

"A minha revelação não é para um momento só", declarou a voz. "Ela fala a todos os que têm ouvidos para ouvir. Por meio da criatividade do meu povo, as suas verdades são reveladas novamente, atraindo outros para a minha luz."

Foi-lhe mostrado como o Apocalipse de Pedro moldou os debates sobre salvação, justiça e eternidade. Ele observou conselhos a deliberar sobre o seu lugar nas escrituras, estudiosos a debater os seus avisos e pregadores a interpretar o seu significado para as suas congregações. Embora por vezes divisivas, essas discussões aprofundaram a compreensão da humanidade sobre a vontade do Criador.

"A verdade convida à reflexão", disse a voz. "Ela desafia, provoca e refina. As palavras que dei a Pedro não são para serem ociosas — elas são um chamado à ação, uma convocação para considerar o seu lugar no meu plano eterno."

A visão voltou-se para os corações daqueles que tinham sido tocados pelo Apocalipse. Pedro viu uma jovem movida ao arrependimento após ler as suas descrições do julgamento, um pai em luto confortado pelas suas promessas de paraíso e um trabalhador cansado que encontrou esperança na sua garantia de justiça.

"A minha palavra não regressa em vão", declarou a voz. "Ela realiza o que pretendo, alcançando os corações daqueles que estão prontos para ouvir. Por meio da visão de Pedro, vidas foram transformadas e almas atraídas para perto de Mim."

Pedro sentiu o chamado para preservar e partilhar a mensagem do Apocalipse. Ele viu escribas a copiar as suas palavras com cuidado, tradutores a transportá-las para novas línguas e professores a explicar as suas verdades àqueles que ansiavam por aprender. Esse legado, embora carregado por mãos humanas, foi sustentado pelo Espírito do Criador.

"A minha verdade perdura", disse a voz. "Embora as mãos humanas possam vacilar, o meu Espírito guia e protege. Que o meu povo seja um fiel administrador desta revelação, garantindo que a sua luz não fique escondida."

A visão revelou a relevância contínua do Apocalipse de Pedro. Pedro viu gerações futuras a enfrentar provações e incertezas, mas a encontrar consolo nas suas palavras. Os temas da visão de justiça, misericórdia e esperança ecoaram ao longo do tempo, constituindo uma mensagem atemporal para um mundo em mudança.

"Esta é a minha promessa", declarou a voz. "O que revelei a Pedro não se destina apenas ao seu tempo, mas a todos os tempos. O seu legado é eterno, pois fala do eterno."

Quando a visão terminou, Pedro recordou-se da sacralidade da sua vocação. O Apocalipse que ele recebera não era só seu — pertencia a todos os que buscavam o Criador e ansiavam pelo Seu reino. O seu legado não era estático, mas sim dinâmico, continuando a moldar vidas e comunidades de forma profunda.

"Guarde o que lhe confiei", disse a voz. "Partilhe com ousadia e humildade, para que a sua luz brilhe na escuridão. Por meio de si, a minha palavra perdurará e o meu povo estará preparado para o dia da minha vinda."

Quando Pedro regressou da visão, o seu coração transbordava de admiração e gratidão. O legado do Apocalipse de Pedro não estava apenas nas suas palavras, mas no seu impacto — um testemunho vivo da verdade e do amor do Criador.

Reuniu os fiéis e falou sobre o que tinha visto, com voz firme, mas cheia de reverência.

"A visão que recebi é um presente para todas as gerações", proclamou Pedro. "Ela chama-nos ao arrependimento, oferece-nos esperança e prepara-nos para a eternidade. Vamos honrar o seu legado vivendo as suas verdades, partilhando a sua mensagem e confiando nas promessas que ela revela. Pois as suas palavras não são minhas, mas do Criador, e elas duram para sempre."

O testemunho de Pedro comoveu profundamente os seus ouvintes. Alguns sentiram uma urgência renovada em estudar o Apocalipse, enquanto outros decidiram partilhar a sua mensagem com aqueles que ainda não tinham ouvido falar dela.

Pedro realçou o poder duradouro da visão através das suas palavras. Não se tratava de uma relíquia do passado, mas de uma revelação viva, que incitava todos os que a ouviam a responder com fé e obediência.

Enquanto Pedro continuava a proclamar a visão, orou para que todos os que ouvissem honrassem o seu legado, vivendo como testemunhas da sua verdade e preparando os seus corações para o dia em que as suas promessas seriam plenamente cumpridas no reino eterno do Criador.

Capítulo 55
O Futuro da Humanidade

A visão desdobrou-se num vasto panorama da Terra, que girava lentamente nas mãos do Criador. Pedro encontrava-se na fronteira dessa história que se desenrolava, testemunhando as possibilidades que se apresentavam à humanidade. O futuro era uma tapeçaria ainda por tecer, cujos fios seriam moldados pelas escolhas dos indivíduos, pela fé das comunidades e pela vontade soberana do Criador.

"É isso que nos espera", declarou a voz, ressonante com esperança e advertência. "O futuro da humanidade está nas minhas mãos, mas dei-vos o poder de escolher o caminho que irão trilhar. Seguir-me-á para a vida, ou afastar-se-á para a escuridão?"

Pedro concentrou o seu olhar no potencial da humanidade para o bem. Ele testemunhou atos de amor e bondade a espalhar-se, transformando vidas e comunidades. Testemunhou avanços no conhecimento e na tecnologia usados para curar os doentes, alimentar os famintos e restaurar a Terra. Esses vislumbres do futuro irradiavam a luz do Criador, um reflexo do Seu reino a irromper no presente.

"É isso que desejo", disse a voz. "Que a humanidade siga os meus caminhos, refletindo a minha imagem através do amor que sentem um pelo outro e da forma como administram a minha criação. Nisto, a minha glória é revelada."

A visão mudou para as consequências do pecado e da rebelião. Pedro viu guerras a devastar a Terra, a ganância a consumir os seus recursos e a humanidade a afastar-se do chamado do Criador. O futuro tornou-se sombrio, marcado pelo sofrimento e pela separação, o resultado de escolhas feitas sem consideração pela vontade do Criador.

"O pecado leva à destruição", declarou a voz. "Quando a humanidade rejeita os meus caminhos, ela semeia o caos e colhe o desespero. No entanto, mesmo na escuridão, a minha luz brilha e o meu chamado permanece: arrependam-se e voltem para mim."

Foi-lhe mostrado o papel dos fiéis na formação do futuro da humanidade. Ele viu os crentes a posicionarem-se como faróis de esperança, as suas vidas a testemunharem o amor e a verdade do Criador. Através das suas ações, trouxeram cura para sistemas quebrados, reconciliação para comunidades divididas e o Evangelho para aqueles que ainda não tinham ouvido.

"Tu és a luz do mundo", disse a voz. "Através de ti, trabalho para trazer o meu reino à Terra. Seja fiel nas pequenas coisas e verá o meu poder revelado nas grandes."

A visão voltou-se para o clímax máximo da história da humanidade. Pedro viu o dia em que o Criador restauraria a Terra e reuniria o Seu povo no reino eterno. Este futuro não era apenas um ideal, mas uma promessa, uma certeza enraizada na fidelidade do Criador.

"Os meus planos não podem ser frustrados", declarou a voz. "Embora o mundo possa vacilar, o meu propósito permanece firme. Trago justiça às nações, paz à terra e alegria ao meu povo. Confiem em mim, pois o futuro é meu."

O espírito de Pedro foi atraído pela tensão entre a esperança e a responsabilidade. O futuro estava nas mãos do Criador, mas o papel da humanidade em moldar o presente era vital. Cada ato de amor, cada passo de fé, contribuía para a concretização do plano do Criador.

"Trabalhe enquanto é dia", disse a voz. "Pois a noite está a chegar, e nessa altura ninguém pode trabalhar. Que o meu povo viva com urgência e propósito, sabendo que o seu trabalho não é em vão."

A visão revelou maneiras práticas pelas quais a humanidade poderia abraçar o desígnio do Criador para o futuro. Pedro viu famílias a ensinar os filhos a amar e a servir, comunidades a cuidar dos mais vulneráveis e nações a procurar justiça e paz. Apesar das imperfeições, esses esforços representavam passos em direção ao reino eterno.

"Não menosprezem os pequenos começos", declarou a voz. "Pois cada ato de fidelidade constrói sobre outro, aproximando o mundo do meu projeto. Em suas mãos, coloquei as sementes do futuro — cuide delas com cuidado."

Ao concluir a visão, Pedro lembrou-se da esperança que sustentava o futuro da humanidade. Esta não se encontrava na força ou sabedoria humanas, mas nas promessas do Criador, cumpridas por intermédio do Messias e sustentadas pelo Seu Espírito.

"Os meus planos para vocês são bons", disse a voz. "Planos para os prosperar e não para os prejudicar, planos para lhes dar esperança e um futuro. Andem nos meus caminhos e verão o cumprimento de tudo o que prometi."

Quando Pedro regressou da visão, o seu coração estava cheio de urgência e paz. O futuro da humanidade não foi predeterminado pelos seus fracassos, mas moldado pela sua resposta ao chamado do Criador.

Reuniu os fiéis e falou sobre o que tinha visto, com voz firme, mas cheia de esperança.

"O futuro está nas mãos do Criador", proclamou Pedro. "No entanto, somos chamados a ser colaboradores do Criador, moldando o presente com fé, amor e obediência. Andemos na Sua luz, confiando nas Suas promessas e trabalhando pelo Seu reino, conscientes de que o melhor ainda está por vir."

O testemunho de Pedro comoveu profundamente os seus ouvintes. Alguns decidiram agir nas suas comunidades, levando esperança aos que estão de coração partido e fé aos que se perderam. Outros encontraram força renovada para enfrentar os seus próprios desafios, confiando nos planos do Criador para as suas vidas.

Pedro enfatizou o equilíbrio entre a soberania divina e a responsabilidade humana através das suas palavras. O futuro da humanidade estava nas mãos do Criador, mas as escolhas de cada pessoa importavam, contribuindo para o desdobramento do Seu reino.

Enquanto Pedro continuava a proclamar a visão, orou para que todos os que ouvissem abraçassem a esperança do futuro, vivendo com propósito e fé enquanto preparavam os seus corações para a alegria eterna do reino do Criador.

Epílogo

A visão desdobrou-se numa glória radiante, revelando a culminação de tudo o que Pedro tinha visto e proclamado. Ele encontrava-se à beira da eternidade, a contemplar a Nova Jerusalém, onde o Criador habitava com o Seu povo. A luz da Sua presença enchia cada canto e as vozes dos fiéis elevavam-se numa canção que ecoava pelos céus. Tratava-se do cumprimento de cada promessa, da resposta a cada anseio, da esperança eterna realizada.

"Este é o meu lugar de morada", declarou a voz, cheia de amor e majestade. "Eu fiz todas as coisas novas. O meu povo está comigo e eu sou o seu Deus. A jornada está completa, mas a minha alegria com eles nunca terminará."

Pedro olhou para os portões da cidade, abertos a todos os que caminhavam na fé. Ele viu as nações fluir, a sua diversidade um testemunho do vasto e infinito amor do Criador. Cada tribo, língua e povo estavam representados, unidos no reino eterno.

"A minha graça reuniu-os", disse a voz. "Não por mérito próprio, mas por meu amor. Lavaram as suas vestes no sangue do Cordeiro e agora andam na minha luz para sempre."

A visão mudou para a árvore da vida, cujas folhas traziam cura para as nações. Pedro viu como cada ferida, cada tristeza e cada divisão tinham sido curadas. Os fiéis, que tinham suportado provações e sofrimentos, agora estavam inteiros e radiantes, com as lágrimas enxugadas pela mão do Criador.

"Aqui não há mais dor", declarou a voz. "Nem dor, nem luto, nem morte, nem escuridão. A minha luz brilha e o meu povo vive em alegria sem fim."

Foi mostrado a Pedro o rio da vida, que fluía do trono do Criador e do Cordeiro. As suas águas eram tão límpidas como o cristal, proporcionando renovação a todos os que delas se banhavam. Os fiéis reuniam-se nas suas margens, os seus corações transbordando de gratidão e adoração.

"Esta é a vida que prometi", disse a voz. "É abundante, eterna e inabalável. Aqueles que tinham sede foram saciados, assim como os que tinham fome. Esta é a herança que lhes foi preparada desde a fundação do mundo."

A visão voltou-se para o Cordeiro, que estava de pé no centro da cidade. Pedro viu as marcas do Seu sacrifício, agora transformadas num símbolo de vitória e amor. A presença do Cordeiro era a luz do reino, a iluminar cada coração e cada canto da eternidade.

"O meu Filho é o Alfa e o Ômega", declarou a voz. "Por meio dele, todas as coisas foram renovadas. O Seu sacrifício reconciliou a criação comigo e o Seu reino é para sempre."

O espírito de Pedro foi atraído para os fiéis que ouviram a mensagem do Apocalipse. Ele viu como viveram na esperança, partilhando o Evangelho, cuidando dos outros e seguindo os mandamentos. As suas vidas, embora imperfeitas, foram um testemunho do amor e da fidelidade do Criador.

"Eles são as minhas testemunhas", disse a voz. "Eles permaneceram firmes nas minhas promessas, mesmo diante das provações. Agora descansam na minha presença, com toda a alegria e o trabalho cumprido."

A visão revelou o cântico eterno dos redimidos, uma melodia de louvor que encheu os céus. Pedro compreendeu como cada ato de fé, cada passo de obediência e cada palavra de amor contribuíram para esse cântico. Os fiéis, de todas as gerações, uniram-se em perfeita harmonia, declarando em coro a glória do Criador.

"Esta é a canção da eternidade", declarou a voz. "É a canção da redenção, a canção do amor, a canção da vida. Nunca acabará, pois o meu povo está comigo e eu estou com eles."

Quando a visão terminou, Pedro ficou cheio de uma sensação de paz e completude. O Apocalipse não se limitou a revelar o julgamento, mas promoveu a restauração, incitou à esperança e convidou à alegria eterna.

"O fim é o começo", disse a voz. "Vá e proclame o que viu, pois as minhas palavras são fiéis e verdadeiras. Que todos os que ouvirem venham a mim, para que possam partilhar da vida que preparei."

Quando Pedro regressou da visão, o seu coração transbordava de admiração e gratidão. A jornada do Apocalipse revelou a justiça, a misericórdia e o amor do Criador, desafiando todos os que ouviram a responder com fé e obediência.

Reuniu os fiéis uma última vez e falou sobre o que tinha visto, com voz firme, mas cheia de reverência.

"A visão está completa", proclamou Pedro. "O Criador mostrou-nos o Seu plano: trazer justiça, oferecer misericórdia e habitar connosco para sempre. Vivamos como aqueles que creem, partilhando o Seu amor, caminhando na Sua luz e preparando os nossos corações para o Seu reino eterno. Pois o Cordeiro triunfou e o Seu reino é para sempre."

O testemunho final de Pedro comoveu profundamente os seus ouvintes. Alguns choraram de alegria, outros ajoelharam-se em adoração e todos resolveram viver de acordo com as promessas que ouviram.

Pedro deixou um legado de esperança, fé e amor através das suas palavras. O Apocalipse não foi o fim, mas o início, um chamado para viver com propósito e preparar-se para a alegria eterna da presença do Criador.

E quando a voz de Pedro desapareceu, os fiéis prosseguiram com a visão, proclamando a sua mensagem ao mundo, até ao dia em que todo o joelho se dobrará, toda a língua confessará e toda a criação se unirá ao cântico eterno do Cordeiro.